LE DROIT IMMOBILIER AU SÉNÉGAL

FONCIER, VENTE, LOCATION, URBANISME, CONSTRUCTION.
L'essentiel de ce qu'il faut savoir pour réussir votre opération

PRÉFACE DE MONSIEUR MAMADOU BADJI
Professeur Titulaire
Doyen de la Faculté des Sciences Juridiques et Politiques
de l'Université Cheikh Anta Diop de DAKAR

AVERTISSEMENT

Maître Franck Zeitoun
Avocat à la Cour

LE DROIT IMMOBILIER AU SÉNÉGAL

Foncier, Vente, Location, Urbanisme, Construction.

L'essentiel de ce qu'il faut savoir pour réussir votre opération

PRÉFACE DE MONSIEUR MAMADOU BADJI
Professeur Titulaire
Doyen de la Faculté des Sciences Juridiques et Politiques
de l'Université Cheikh Anta Diop de DAKAR

L'Harmattan

5-7, rue de l'École-Polytechnique ; 75005 Paris

http://www.librairieharmattan.com
diffusion.harmattan@wanadoo.fr
harmattan1@wanadoo.fr

ISBN : 978-2-343-06674-5
EAN : 9782343066745

REMERCIEMENTS

L'auteur tient à remercier chaleureusement :

Monsieur le Professeur Sérigne DIOP, Agrégé des facultés de Droit et Sciences Politiques, Ancien Médiateur de la République du Sénégal, ancien Garde des Sceaux et ministre de la Justice, qui a joué un rôle déterminant dans la parution de cet ouvrage.

Monsieur le Professeur Mamadou BADJI, Doyen de la Faculté des Sciences Juridiques et Politiques de l'UCAD, pour son accueil chaleureux, l'accompagnement financier et la rédaction de son excellente préface.

Messieurs Abdoulaye DIALLO et Ousmane DIOP, Éditions L'HARMATTAN SENEGAL, pour leur professionnalisme et leur implication dans le projet.

Monsieur Alioune Badara DIOP, ancien Préfet de DAKAR, **Monsieur Mamadou DIAW**, Directeur Général de l'Agence Nationale pour l'Aménagement du Territoire et Maire de MATAM, **Maître Khady SOSSEH**, Notaire, pour leurs précieuses informations sur les dernières réformes.

Messieurs Beyouon KPANGNANE SOMDA, Victor JEAUFFRE et son confrère **Maître Mickael LOVERA** (France) pour leurs recherches et leur participation à la saisie de l'ouvrage.

Mon confrère Adnan YAHYA (Barreau du Sénégal) et les membres de son Cabinet pour leur soutien et les démarches auprès du BSDA.

Sans oublier mes fidèles lecteurs.

PRÉFACE

Naguère, décrit comme un « faiseur de systèmes », le juriste apparaît, sinon comme un agitateur d'idées, du moins comme un entrepreneur social, soucieux d'apporter des solutions à « des questions particulières qui intéressent le vécu quotidien des gens ». C'est du moins la posture qu'en donne Maître Franck Zeitoun, auteur de ce livre, qui, en le mettant à la disposition d'un large public, entend répondre aux préoccupations des professionnels (Agences, promoteurs immobiliers, juristes, etc.) et de tous ceux qui s'intéressent au secteur de l'immobilier au Sénégal (investisseurs nationaux comme étrangers). Sa contribution à la connaissance d'une matière où des confusions sont monnaie courante, renforce indubitablement la doctrine juridique. J'ai voulu, en acceptant de rédiger la préface de cet ouvrage, lui exprimer en même temps un sentiment de fierté.

Dépassant la stricte exégèse des textes, qui pour autant n'est pas négligée, l'auteur nous initie avec méthode et finesse, aux règles qui gouvernent le droit foncier et ses acteurs, la vente, la location, la construction et l'urbanisme au Sénégal. Il y réussit avec talent et beaucoup de brio, grâce à un usage parfait de la langue du droit. Des écrits traitant de ces questions existent, assurément, mais la présente production scientifique se distingue par son originalité. En effet, la pertinence de la démarche de Maître Zeitoun réside non seulement dans la présentation d'un livre où il rassemble en un tout cohérent l'essentiel de règles, jusque-là éparses, mais aussi dans le style qui est du reste clair, concis et agréable à lire.

Ces qualités révèlent la rigueur d'un orfèvre en la matière, soucieux par métier et par conviction d'expliquer et de faire comprendre, y compris au non-sachant, au profane, le droit immobilier dans sa globalité, en en présentant les différentes branches, les caractères et les sources. Le travail produit est nécessairement une œuvre de référence.

À travers un plan bien structuré, se déclinant en cinq livres (chaque livre étant à son tour divisé en parties), l'auteur tient le lecteur par la main et lui fait découvrir une discipline en évolution constante. C'est l'occasion pour ce praticien avisé de montrer que le droit est un outil efficace qui, dans un pays de surcroît agricole, permet à tous de « compter sur des rapports fructueux avec la terre, non seulement avec les populations locales, mais aussi avec les investisseurs nationaux et étrangers ».

Pour éviter à ses lecteurs d'éventuels errements, Maître Zeitoun s'attache d'emblée à clarifier les termes qui structurent son ouvrage et donc à définir certaines notions, étant à préciser que « la notion est l'outil qui permet d'opérer des qualifications en vue de procéder à l'imputation de régimes juridiques déterminés[1] ». Cette précaution étant prise, Maître Zeitoun observe qu'au Sénégal, la coutume a longtemps régi les rapports des hommes avec la terre, et divers usages en découlant. Cependant, il avance à juste titre que les premiers éléments formant la substance de ce qu'il convient, aujourd'hui, d'appeler le droit foncier sénégalais datent des 19e et 20e siècles. C'est, en effet, l'époque où l'histoire du droit est fortement marquée par une série de textes, notamment les décrets fonciers de 1906 et de 1932, organisant le régime de la propriété foncière au Sénégal et dont l'évocation rend justice de l'œuvre du colonisateur français. Arrêtons-nous sur quelques aspects de ces textes, non relevés par l'auteur, mais qui nous paraissent essentiels, et sur lesquels le regard des historiens du droit n'est pas toujours requis.

– Prenons le décret foncier du 24 juillet 1906 : un des buts avoués de ce te texte juridique était d'inciter les indigènes à accéder volontairement à la propriété individuelle. Une observation des faits montre que c'est une longue tâche où les traditions coutumières tiennent le droit foncier sous l'autorité de règles toutes différentes et il a fallu un changement considérable de mentalité avant que les indigènes n'y accèdent.

En vérité, la possibilité laissée aux indigènes de solliciter l'immatriculation de leurs terres ne fut pas adoptée d'enthousiasme, sauf dans certains centres urbains[2]. Sans doute, la complexité de la procédure aussi bien que les frais qu'elle entraînait, de même que la distance qu'il y avait entre conceptions coutumières et droit civil[3]

---

1 F.-P. Benoit, « Notions et concepts, instruments de la connaissance juridique », Mélanges en l'honneur de Gustave Peiser, Presses Universitaires de Grenoble, 1995, p.27.

2 L'urbanisation croissante de villes comme Dakar, Saint-Louis, Rufisque s'est en effet accompagnée de l'émergence d'une « classe » de propriétaires fonciers qui ont considérablement investi dans la pierre.

3 Bien souvent, le recours à la procédure a pour but de contracter une hypothèque. Ce sont les prêteurs qui exigent cette procédure pour s'assurer un gage : or,

étaient allégués comme étant de nature à décourager les indigènes à solliciter l'immatriculation de leurs terres. Cependant, pour la doctrine, une des causes majeures de cet échec était à rechercher dans le certificat administratif délivré par le maire.

Ce certificat administratif, dont l'importance est évidente à l'origine de la procédure, ne fait pas preuve, à l'égard des tiers, des droits des requérants, et ne met pas obstacle aux oppositions qui peuvent survenir[4]*. Et il peut ne pas prévaloir sur les témoignages probants recueillis en faveur de l'opposant au cours de l'enquête judiciaire*[5]*. Mais il fait preuve, à l'égard de l'État, de l'existence de la possession coutumière et permit d'écarter toute opposition ultérieure qui serait faite par l'État en invoquant son propre droit de propriété et en prétendant notamment que le terrain serait vacant et sans maître*[6]*.*

Très vite, la jurisprudence réduit singulièrement la portée des dispositions réglementaires relatives à ce certificat administratif. Un arrêt de la cour d'appel de l'AOF du 29 décembre 1916[7] *a posé en principe que le certificat du maire ou de l'administrateur, prévu par l'article 65 du décret du 24 juillet 1906, était un acte administratif, et qu'il n'appartenait qu'à l'autorité administrative d'en apprécier la régularité. Les tribunaux de l'ordre judiciaire sont incompétents pour statuer sur la régularité non seulement du certificat, mais aussi de l'enquête publique à laquelle il doit être procédé avant sa délivrance. Si cette régularité est contestée, ils sont donc tenus de surseoir à statuer et de renvoyer à l'Administration la question préjudicielle, de*

---

souvent, le propriétaire qui a des créanciers hypothécaires court à l'expropriation. Institution pas faite pour la région : trop déphasée, trop proche du Code civil ; or, il y est déjà ! La preuve, c'est Madagascar : grand usage de l'immatriculation : de 1895 à 1915, 5376 demandes émanant d'indigènes et représentant 86.186 hectares, furent enregistrées ; mais il est vrai qu'ici, la propriété individuelle n'avait pas les mêmes difficultés à s'imposer : elle y était connue avant la conquête et le droit malgache connaissait l'hypothèque et un contrat appelé contrat de féhivana qui opérait à la façon d'un nantissement immobilier, de sorte que les agriculteurs malgaches ont vite compris les avantages et garanties qu'offrait l'immatriculation.

4 Sur la force probante du certificat administratif, voir l'arrêt de la cour d'appel de l'AOF du 25 octobre 1940, *Penant*, 1946, p. 253.

5 Cour d'appel de l'AOF, 11 juillet 1941, Recueil de jurisprudence de l'AOF, juillet – octobre 1951, p. 1.

6 Jugement du tribunal de première instance de Dakar, 7 mars 1908, État français cf Ngor Nganon Guèye, *Bulletin des décisions*, 1909, p. : 7 et suiv.

7 Gouvernement c/Mayosse Diagne, *Revue de droit Ouest africain*, 1924. I. 20.

validité[8]. *Le Conseil du Contentieux Administratif du Sénégal, saisi sur renvoi, confirme cette jurisprudence*[9], *et sa décision, contraire à la demande du requérant indigène, a fait loi pour le nouvel arrêt de la Cour d'appel du 21 mars 1919*[10].

De cette jurisprudence, il ressort que toutes les questions concernant les droits des indigènes sur le sol relèvent exclusivement de l'autorité administrative. C'est qu'en effet, le pouvoir d'apprécier la nature de la détention coutumière appartient à l'administration[11]. *C'est elle qui est juge de la propriété*[12]. *Or, les droits que l'indigène détient sur la terre, en vertu de sa coutume, n'ont rien à voir avec le droit de propriété au sens du Code civil qui suppose le droit de disposition : dès qu'on admet le droit de disposition, en effet, la coutume est ébranlée en ses fondements mêmes.*

En 1925, le ministre des colonies constatait que le régime de la propriété foncière sur la base de l'immatriculation n'a « pas reçu des indigènes tout l'accueil qu'on en escomptait »[13].

– C'est dans ce contexte qu'en raison de l'importance économique attachée aux droits réels portant sur les immeubles immatriculés, le législateur colonial décide, en 1932, d'atténuer le principe du consensualisme. Pour ce faire, il exige que la délivrance de l'objet de la vente d'un immeuble immatriculé respecte, d'une part, les formalités de publicité requises par les dispositions particulières à la propriété foncière[14] *et, d'autre part, les formalités relatives à l'établissement du titre foncier au nom de l'acquéreur*[15]. *À cet égard, il n'est pas sans intérêt de préciser que la validité des conventions constituant ou transférant un des droits protégés par le régime de l'immatriculation foncière demeure subordonnée surtout à l'immatriculation obligatoire*

8 Cour d'appel de l'AOF, 29 décembre 1916, Affaire Gouverneur de l'AOF c/Mayosse Diagne et autre, *Rec. Dareste*, 1917, Jurisp., p. 96.

9 Conseil du contentieux administratif du Sénégal, 9 mai 1918, *Penant*, 1920, p. 22 (*Rec. Dareste*, 1920, jurisp. p. 55).

10 C. d'App. de l'AOF, 21 mars 1919, *Penant*, 1920, p. 22.

11 Art. 65 du décret du 24 juillet 1906.

12 Art. 58 du décret du 24 juillet 1906.

13 Ministre des colonies, M. HESSE, Rapport de présentation du décret du 8 oct. 1925, *Rec. Dar.*, 1926. I. 94.

14 Décret foncier du juillet 1932, *J.O.-AOF* du 29 avril 1933, pp. 426 et s. Ce texte, resté longtemps en vigueur, est abrogé par le Décret n° 2011-07 du 30 mars 2011 dont la principale innovation est de rendre le titre foncier inattaquable.

15 Article 277 alinéa 1 du Code des Obligations Civiles et Commerciales.

de l'immeuble [16] et à l'exigence d'un acte notoire[17]. Le non – respect des conditions de validité requises entraîne la neutralisation de la vente, qui prend la forme d'une nullité absolue : D'une part, lorsque l'obligation d'immatriculation de l'immeuble n'est pas satisfaite, l'absence de cette formalité substantielle entachera la validité de toutes les conventions constituant ou transférant un des droits protégés par le régime de l'immatriculation foncière[18] et, d'autre part, au plan formel, le législateur exige que le contrat soit passé par-devant notaire territorialement compétent sous peine de nullité absolue[19].

La mise en œuvre de cette législation est grosse de difficultés ; des aménagements y sont apportés dans le dernier état du droit applicable, sans toutefois permettre aux personnes détentrices de permis d'habiter, ou ce qui en tient lieu, d'obtenir un titre foncier inattaquable. L'insécurité juridique faisant alors son effet, la loi n° 2011-07 du 30 mars 2011 portant régime de la propriété foncière y met un terme, abrogeant certaines dispositions du décret de 1932. Le législateur de 2011 apporte alors au régime de la propriété foncière des changements, tant sur le plan formel que sur le fond.

---

[16] Article 380 du Code des Obligations Civiles et Commerciales.

[17] Article 383 du Code des Obligations Civiles et Commerciales.

[18] Article 380 du Code des Obligations Civiles et Commerciales, précité.

[19] Article 383 du Code des Obligations Civiles et Commerciales précité. La jurisprudence de la Cour d'appel de Dakar (cf. Cour d'appel de Dakar, n° 91, du 25 février 1983, Mamadou Dieng c/Macoumba Ndour, *Rev. EDJA*, sept – oct. 1987, p. 15) suivie en cela par la Cour suprême (cf. Cour Suprême, n °1, du 8 janvier 1986, Mamadou Dieng cf. Macoumba Ndour, in *Revue EDJA*, précitée) n'avait pas manqué de frapper de nullité absolue un acte de vente d'un immeuble immatriculé qui n'avait pas été passé par – devant un notaire. Une telle sanction paraît s'imposer même dans l'hypothèse où un mandataire est désigné par l'une des parties à la vente ; selon la Cour d'appel de Dakar (cf. Cour d'appel de Dakar, n° 265, du 26 mai 1983, El H. D. Diop c/A. Ndour, *Revue EDJA*, sept.-oct. 1987, p. 17), le mandataire à la vente d'un bien immobilier doit être muni également d'une procuration notariée. Au surplus, l'exigence de ce formalisme protecteur sera même renforcée par la soumission à autorisation préalable de certaines transactions immobilières lorsque le montant de la transaction augmenté des charges excède dix millions (10.000.000) de francs CFA (cf. l'article 3 de la loi n° 77-85 soumettant à autorisation préalable certaines transactions immobilières, *JORS* n° spécial 4586 du 12 sept. 1977, p. 1174 et son décret d'application n° 77-754 du 20 sept. 1977, *J.O.-RS* du 22 oct. 1977. Pour une application, cf. C. d'app. de Dakar n° 95 du 31 janvier 1992, Aff. H. Younis c/SGBS et héritiers du feu Omaïs Badoui.

Sur le plan formel, « toutes les références au statut colonial sont supprimées tant au niveau des institutions que des personnes et des biens fonciers ».

Quant aux modifications de fond, elles portent non seulement sur les personnes autorisées à requérir l'immatriculation (« ***seuls l'État et le créancier du débiteur sont autorisés à requérir l'immatriculation des immeubles au Livre foncier*** *»), mais également sur d'autres points comme le caractère facultatif de l'immatriculation sauf acquisition ou cession d'un droit réel, ou la législation applicable aux immeubles immatriculés, etc.*

*Sur l'ensemble de ces points, Maître Zeitoun s'emploie à partager avec le lecteur son intérêt pour les institutions comparées et son sens de la précision. Il a un dessein bien évident : remonter le temps et, étayer, par des observations toujours minutieusement articulées, l'originalité du droit sénégalais (***Livres 1 et 2***). Ce jeu de plume est, à n'en pas douter, destiné à dissiper tout malentendu. En effet, le droit sénégalais est certes le fruit de la circulation des idées consécutive à la colonisation française, mais il obéit à sa rationalité propre. Bien sûr certains esprits « subtils », oubliant cette vérité première, ont pu considérer que ce droit ne peut être abordé qu'au prisme du droit français. Tel n'est pas le sentiment de ceux qui veulent l'approcher en profondeur.*

*Le lecteur est ainsi embarqué dans la découverte des règles essentielles de l'urbanisme et de la construction (***Livre 3***). Une présentation préalable des opérations de construction prépare à la bonne compréhension des développements qui suivent. En bon spécialiste, l'auteur expose la problématique de l'opération de construction, non sans éluder le problème de l'immeuble bâti (***Livre 4***). Ces développements sont exhaustifs et embrassent les divers aspects de l'organisation et de la gestion de l'immeuble bâti et des délicats rapports locatifs. L'ouvrage se termine avec la présentation non seulement des mesures prises, au plan local, pour attirer les investissements, mais aussi des organismes en charge de cette question (***Livre 5***). Il est un outil d'analyse et d'information permettant ainsi au lecteur de suivre la trame d'une construction humaine dont l'instrument juridique charpente la vie des populations. Il appréciera au passage les orientations bibliographiques et les conseils de lecture qui jalonnent les pages du livre.*

Dans l'ensemble l'analyse toujours bien menée et rationnellement conduite est rigoureuse. Un travail de cette ampleur vient à son heure et ne peut que susciter l'estime et le respect. Il est servi par l'honnêteté intellectuelle de son auteur qui confirme ainsi les qualités décelées en lui, grâce à une publication récente, relative à la copropriété au Sénégal. Il est certain que cet ouvrage du fait même de sa richesse suscitera adhésion et vif intérêt. Maître Zeitoun s'en félicitera car il apporte une contribution essentielle à la compréhension d'une branche importante du droit sénégalais.

Dakar-Fann, le 20 juin 2015

Mamadou BADJI
Agrégé des Facultés de droit,
Professeur Titulaire,
Doyen de la Faculté des Sciences Juridiques et Politiques
Université Cheikh Anta Diop de Dakar

INTRODUCTION

Cet ouvrage, destiné tant aux praticiens du droit immobilier (Agences, promoteurs immobiliers, juristes, étudiants, etc.) qu'aux non-praticiens (particuliers concernés par ce secteur), a pour objectif de rassembler en un seul ouvrage les règles essentielles relatives au Droit Foncier et ses acteurs, la Vente, la Location, la Construction et l'Urbanisme au Sénégal. Il n'a aucune ambition d'exhaustivité.

Le souci de clarté commande d'emblée de définir et de distinguer les termes clés qui structurent cet ouvrage, certaines confusions étant courantes.

Foncier, immobilier et urbanisme sont en effet des notions distinctes recouvrant des réalités de fait et de droit différentes.

Au sens premier, la notion de *foncier*, ou de *bien foncier*, bien que voisine de la notion de bien immobilier, ne doit pas être confondue avec cette dernière.

En effet, le foncier désigne généralement le terrain, notamment lorsqu'il sert de support, par exemple, à une construction immobilière. Le foncier renvoie au fonds de terre, donc d'abord au terrain nu, à son exploitation, à son imposition, etc., d'où les notions de propriétaire foncier, propriété foncière, taxe foncière, marché foncier, etc.

Quant à l'*immobilier*, compris notamment dans le contexte de l'urbanisme, il renvoie principalement à la propriété bâtie, quoiqu'au sens large il comprenne aussi, le foncier lui-même. S'agissant de l'*urbanisme*, ou du droit de l'urbanisme, il résulte de la combinaison des deux notions précédentes.

Malgré cette distinction, ces notions font l'objet d'une assimilation courante, due aux rapports très étroits, voire fusionnels qu'elles entretiennent, et qui les imbriquent. Ainsi foncier et immobilier sont couramment assimilés et tenus pour interchangeables, voire équivalents. Immeubles, constructions et autres bâtiments relèvent dans ce sens du foncier, alors qu'à la vérité, c'est l'un qui contient l'autre ; ou plus précisément, l'un tient de fondement à l'autre. C'est en effet le foncier qui conditionne à la fois l'immobilier et l'urbanisme.

Et lorsque l'on s'intéresse à l'historique et à l'évolution du droit sénégalais en matière foncière, on constate que s'il y eut sans conteste, de longue date, des rapports coutumiers établis par les populations avec la terre, et divers usages en découlant, il n'en demeure pas moins que les premières règles écrites en droit foncier découlent de la colonisation. Elles ont, soit évolué, soit été remplacées par d'autres, du début des années 1960 à nos jours, avec un retour à la notion essentielle chère au Président SENGHOR selon laquelle la terre appartient à la nation, sans pour autant remettre en cause le principe de l'immatriculation mis en place par le législateur français.

Cet ouvrage présente un intérêt pour au moins deux motifs. D'abord, l'importance des ressources foncières dans le développement. Pour un pays, comme le Sénégal, principalement agricole, il est nécessaire de compter sur des rapports fructueux avec la terre, non seulement avec les populations locales, mais aussi avec les investisseurs nationaux et étrangers. Il est dès lors nécessaire d'avoir une approche concrète et synthétique du droit foncier, et immobilier dans tous ses aspects, puisque de plus en plus, les investissements sont orientés dans ces secteurs.

En outre, la législation au Sénégal est complexe, en raison de sa constante évolution et mérite d'être étudiée. Récemment, la loi du 28 décembre 2013 portant Code des Collectivités locales dit « Acte III sur la décentralisation » a changé les règles antérieures.

Cette loi entrée en vigueur après les élections locales du 29 juin 2014 a **notamment supprimé la Région en tant que collectivité locale ainsi que les communautés rurales** et instauré deux collectivités locales dotées de compétences importantes en matière foncière : **le département et la commune** ; mais ce n'est pas tout : les procédures administratives relatives à l'accès au foncier et aux droits réels immobiliers y afférents ont également changé, avec, en marge, des pratiques foncières parfois difficiles à comprendre compte tenu de la coexistence de certains textes issus de la période coloniale toujours applicables avec les réformes engagées depuis l'Indépendance de 1960.

S'il faut saluer et féliciter le travail considérable pour harmoniser et remettre à jour le corpus normatif entrepris successivement par les Présidents Léopold Sédar SENGHOR, Abdou DIOUF, Abdoulaye WADE et Macky SALL et par les membres de leurs gouvernements, on ne peut qu'encourager le législateur sénégalais à poursuivre ce long travail de modernisation et d'harmonisation de ses textes sur le plan interne.

Sur ce point, il faut signaler qu'une Commission nationale de réforme foncière (CNRF) présidée par le Professeur Moustapha Sourang a été mise en place. Ce dernier a annoncé en avril 2015 qu'une nouvelle loi sur le foncier va remplacer d'ici fin décembre 2015 la loi sur le domaine national de 1964. Selon lui, « *cette réforme devra permettre de faire une révolution foncière puisque au terme de l'application combinée de la loi de 1964 et de la loi agro-sylvo-pastorale de 2004, elle va créer des droits réels sur la terre tout en maintenant l'esprit de la loi de 1964* ».

Cette réforme est très attendue puisque « *sur presque 14 millions de Sénégalais, seuls 152.000 ont des titres privés qui peuvent entrer dans le commerce* » a précisé le Professeur Moustapha Sourang. Selon lui, « *cette réforme permettra de faire rentrer dans le commerce juridique presque 95% des terres du Sénégal.* » (Source : site TAK 2 avril 2015 : « *Une "révolution foncière" est prévue pour fin 2015* »

Au-delà des frontières , il faut signaler qu'un projet d'harmonisation du droit foncier sénégalais avec le régime applicable dans les États qui ont signé le 17 octobre 1993 le Traité relatif à l'Harmonisation du Droit des Affaires en Afrique (OHADA) est également à l'étude.

LIVRE 1

LE DROIT FONCIER AU SÉNÉGAL
UN PEU D'HISTOIRE : DU DROIT COLONIAL AU DROIT POSITIF ACTUEL

Pendant la colonisation, il y avait de la part du législateur français une volonté de transposition au Sénégal, de l'idée de propriété. Cela s'est traduit, au plan juridique, d'abord par l'adoption de l'arrêté colonial du 5 novembre 1830 imposant, entre autres, les règles françaises de l'inscription et de la transcription du régime foncier. L'organisation du régime de la propriété foncière va se poursuivre avec le décret du 20 juillet 1900. Il faut signaler que dès 1905 intervenait la propriété foncière de la collectivité léboue suivant convention du 23 juin 1905 avec l'État français, pour l'octroi de ces terres.

Le décret du 20 juillet 1900 fut abrogé et remplacé à son tour par le décret du 24 juillet 1906, lui-même abrogé et remplacé par celui du 26 juillet 1932 qui a instauré définitivement le système de l'immatriculation des terres, et des livres fonciers. Ce décret sera lui-même abrogé et remplacé par la loi n° 2011-07 du 30 mars 2011 dont la principale innovation est de rendre le titre foncier inattaquable.

Avec l'Indépendance et l'arrivée au pouvoir du Président Léopold Sédar SENGHOR, le principe posé par la Loi du 17 juin 1964 sur le Domaine national est que tout le territoire du Sénégal soit la propriété de la Nation, « *le législateur voulant par ce texte revenir de la conception bourgeoise de la propriété foncière à la conception socialiste qui est celle de l'Afrique noire traditionnelle* », comme le souligne le Dr Moustapha Ngaidé, de la Faculté des Sciences Juridiques et Politiques de l'Université Cheikh Anta Diop de DAKAR, dans l'avant-propos de l'ouvrage rédigé par deux magistrats, Messieurs Biram SÈNE et Adama TRAORÉ (*Recueil de textes fonciers et Domaniaux*, Éditions CREDILA).

Dans la préface de cet excellent ouvrage, Monsieur Abdoulaye DIEYE, Enseignant au département de droit public dans la même Université souligne que « *la domanialité nationale instituée par la loi de 1964 est un régime original basé sur de grands principes parmi lesquels la gratuité de l'accès à la terre, son absence ~~ce~~ de propriété et l'administration des terres dans leur grande majorité par les collectivités locales* ».

Ce principe se traduit en chiffres puisqu'en 1964, les terres du Domaine National (non immatriculées) représentent 95 % du territoire contre seulement 5 % pour les terres immatriculées (domaine de l'État et propriété foncière des personnes privées) avec des règles strictes pour pouvoir devenir propriétaire de terrains faisant partie du domaine non affecté de l'État. Ces règles ont été mises en place 12 ans plus tard avec la loi du 2 juillet 1976 portant Code du Domaine de l'État (avoir obtenu un titre d'occupation tel que baux ordinaires, baux emphytéotiques de la part de l'État ou d'une collectivité locale, avoir mis la terre en valeur et avoir une autorisation en vertu d'une loi spéciale).

Par contre, il est toujours possible d'acheter librement des biens immobiliers immatriculés sous réserve de passer par un notaire.

Avant d'appréhender le droit foncier au Sénégal, **(2ère partie),** il est essentiel de présenter au préalable l'organisation et l'administration du territoire dans son ensemble, d'autant plus que l'État du Sénégal a promulgué le 28 décembre 2013 la loi portant Code général des collectivités locales dite « Acte III sur la décentralisation » entrée en vigueur depuis les élections locales du 29 juin 2014 **(1ère partie)**.

PREMIÈRE PARTIE

L'ORGANISATION ET L'ADMINISTRATION DU TERRITOIRE : L'ÉTAT CENTRAL ET LES COLLECTIVITÉS LOCALES COMME PILIERS DU FONCIER

L'organisation et l'administration du territoire au Sénégal reposent sur deux piliers : l'État et les **collectivités locales.**

Ils obéissent à une logique de centralisation/déconcentration et de décentralisation. Après plusieurs réformes de 1972 à 2013**(Titre 1)**, l'État a décidé d'engager une profonde réforme avec **la loi n° 2013-10 du 28 décembre 2013** intitulée « l'Acte III sur la décentralisation » portant Code général des collectivités locales **(Titre 2).**

TITRE 1

LES PRINCIPALES RÉFORMES SUR LA DÉCENTRALISATION DE 1972 À 2013

Dès son accession à la souveraineté internationale, le Sénégal a opté pour une politique de décentralisation prudente, progressive et irréversible. Cette option a été confirmée au cours des différentes phases qui ont marqué cette politique.

La première réforme majeure de 1972 pose l'acte précurseur de libertés locales plus affirmées, avec la création des communautés rurales, la promotion de la déconcentration et la régionalisation du plan (décret 72-1288 du 27 octobre 1972 modifié par décret 80-1051 du 14 octobre 1980).

La deuxième réforme majeure, réalisée en 1996 *« dans le souci d'accroitre la proximité de l'État et la responsabilité des collectivités locales »*, consacre la régionalisation avec, notamment, l'érection de la Région en collectivité locale et la création de communes d'arrondissement

Matam	25 083
Saint-Louis	19 044
Tambacounda	59 602
Thiès	6 601
Ziguinchor	7 339
Total	**196 176 Km arrondi à 197 000 Km2**[2]

Si les Régions sont supprimées en tant que Collectivités locales au profit des Départements à compter du 29 juin 2014, il est intéressant de publier le tableau ci-dessus tant que les régions elles-mêmes n'auront pas été modifiées.

Des statistiques publiées en 2014 font mention d'une population de près **de 14 millions d'habitants.**

La réforme de 1996 a constitué un tournant décisif dans le processus sénégalais de décentralisation puisqu'elle modifie, fondamentalement, les relations entre l'État et les collectivités locales en renforçant l'autonomie de gestion par, entre autres, la libre administration et l'allègement du contrôle, ainsi que les compétences de ces dernières dans neuf domaines. Elle a, également, été marquée par l'institution de nouveaux dispositifs destinés au renforcement des moyens financiers, humains et matériels des collectivités locales afin qu'elles puissent assurer une bonne gestion de leurs compétences.

Malgré les progrès et acquis enregistrés, beaucoup de faiblesses et de contraintes pèsent encore sur la mise en œuvre de la politique de décentralisation, nous rappelle l'exposé des motifs de la loi de décembre 2013.

La politique de décentralisation au Sénégal est notamment limitée par :

- les faiblesses objectives du cadre organisationnel et fonctionnel de la décentralisation pour la promotion d'un développement territorial ;
- le manque de viabilité des territoires et de valorisation des potentialités de développement des territoires
- la faiblesse de la politique d'aménagement du territoire limitée par une architecture territoriale rigide ;

• la faiblesse de la gouvernance territoriale accentuée par une multiplicité d'acteurs avec des logiques et des préoccupations parfois différentes ;

• l'incohérence et l'inefficience des mécanismes de financement du développement territorial ;

• la faiblesse de la coproduction des acteurs du développement territorial qui induit fortement l'inefficacité des interventions.

Le contexte et la faiblesse des politiques et stratégies de développement appliquées jusque-là, ont nécessité, d'initier des alternatives susceptibles de corriger les déficiences et de produire simultanément des progrès significatifs à l'échelle nationale et un développement local harmonieux.

Dans cette perspective, l'option a été prise de construire, dans le cadre d'un dialogue consensuel et prospectif, le renouveau de la modernisation de l'État, à travers une décentralisation cohérente dans ses principes, et performante dans sa mise en œuvre.

Aussi, le Sénégal a procédé avec la loi n° 2013-10 du 28 décembre 2013 à la refondation majeure de l'action territoriale de l'État, à travers la réforme de la décentralisation.

L'objectif général, visé par cette réforme, baptisée *« l'Acte III de la décentralisation »*, est d'organiser le Sénégal en territoires viables, compétitifs et porteurs de développement durable.

Elle se décline en quatre objectifs fondamentaux :

• un ancrage de la cohérence territoriale pour une architecture administrative rénovée ;

• une clarification des compétences entre l'État et les collectivités locales ;

• un développement de la contractualisation entre ces deux niveaux décisionnels ;

• une modernisation de la gestion publique territoriale, avec une réforme des finances locales et une promotion soutenue de la qualité des ressources humaines.

Compte tenu de sa complexité, l'Acte III de la décentralisation est mis en œuvre progressivement en deux phases.

Dans une première phase, entrée en vigueur après les élections locales du 29 juin 2014, le législateur a :

– supprimé la Région en tant que collectivité locale,

– remplacé le Conseil Régional par le Conseil Départemental

– procédé à la communalisation intégrale par la transformation des communautés rurales et des communes d'arrondissement en communes ;

– créé la ville en vue de mutualiser les compétences des communes la constituant ;

– réparti les 9 domaines de compétences entre seulement deux collectivités locales : **le département et la commune**.

La première phase se déroule **dans le respect des limites territoriales actuelles** des entités administratives concernées.

La mise œuvre d'une telle réforme a nécessité l'adoption d'un nouveau Code général des Collectivités locales qui a abrogé et remplacé les lois n° 96-06 portant Code des Collectivités locales, 96-07 portant transfert de compétences aux régions, aux communes et aux communautés rurales et 96-09 du 22 mars 1996 fixant l'organisation administrative et financière de la commune d'arrondissement et ses rapports avec la ville

Plus d'une trentaine d'actes réglementaires qui tiraient leur base légale de la loi 96-06 portant Code des Collectivités locales abrogée sont devenus caducs avec l'entrée en vigueur de la loi n° 2013-10 portant Code général des Collectivités locales.

Mais au sortir des élections locales du 29 juin 2014, il apparaît urgent, pour une mise en œuvre effective et efficace de l'Acte III de la décentralisation, que les textes réglementaires d'application (décret, arrêtés, circulaires explicatives) soient promulgués.

TITRE 2

LES COLLECTIVITÉS LOCALES DEPUIS LE 29 JUIN 2014

La loi n° 2013-10 du 28 décembre 2013 (modifiée par la loi 2014-19 du 24 avril 2014 en ses articles 31,92 et 95), entrée en vigueur le 29 juin 2014, et portant Code général des Collectivités locales, ou Acte III de la décentralisation, modifie largement l'organisation administrative.

Aux termes de son article 1, « *les collectivités locales de la République sont **le département** et **la commune*** ».

Cette loi supprime donc la région, les communautés rurales et les communes d'arrondissement. Elle modifie également les organes de ces collectivités. Les dispositions présentées ci-dessous le sont sous réserve de changements qui seraient apportés par les décrets d'application.

CHAPITRE 1

LES DISPOSITIONS APPLICABLES À L'ENSEMBLE DES COLLECTIVITÉS LOCALES

L'esprit de l'acte III de la décentralisation

La Loi n° 2013-10 du 28 décembre 2013 portant Code général des collectivités locales prévoit depuis les élections locales du 29 juin 2014 que les collectivités locales sont les communes et les départements **(Article 1er).**

L'Acte III de décentralisation porté par cette loi vise à rationaliser l'organisation des collectivités locales en les limitant à 2 types d'entités.

Conformément au principe de décentralisation, ces collectivités sont indépendantes et doivent être économiquement autonomes. L'article 11 prévoit toutefois la possibilité pour les services de ces collectivités de s'appuyer sur les services déconcentrés de l'État si nécessaire.

Les mesures d'application de l'acte III de la décentralisation

Ce nouveau Code des collectivités locales est applicable depuis la tenue des élections locales du 29 juin 2014.

Afin de faciliter la transition, l'article 329 de la Loi n° 2013-10 du 28 décembre 2013, portant Code général des collectivités locales, prévoit que les Communautés rurales et les Communes d'arrondissement sont érigées en communes. Partant, depuis les élections locales de juin 2014, les communautés rurales et les communes d'arrondissement sont devenues des communes.

Les mesures de transition

Toujours pour faciliter son application, l'article 329 de cette loi prévoit que les limites actuelles des départements sont maintenues. Les communes, les communautés rurales et les communes d'arrondissement devenues communes gardent aussi le même territoire. Il en va de même pour les noms et chefs-lieux de ces collectivités.

La création ou la modification des collectivités locales

La création d'une collectivité se fait par décret. Il détermine le nom, le territoire et le chef-lieu de cette dernière.

La loi prévoit la possibilité de faire évoluer ces collectivités.

Les territoires des départements comme celui des communes pourront être scindés ou fusionnés par décret après avis de la ou des collectivités locales concernées et après enquête prescrite par le ministre chargé des Collectivités locales.

Les noms et chefs-lieux peuvent également être modifiés par décret.

La propriété des collectivités créées ou modifiées

Lorsqu'une collectivité est rattachée à une autre, les biens de la commune rattachée sont transférés à la commune de rattachement.

Lorsqu'une collectivité est scindée, chacune des portions obtient la propriété des biens lui étant rattachés.

Quelle que soit la modification, les habitants conservent la jouissance des biens dont les fruits sont perçus en nature.

Un décret d'application détermine notamment les conditions d'attribution soit à la collectivité ou aux collectivités de rattachement, soit à l'État :

– des terrains ou édifices faisant partie du domaine public ;

– de son domaine privé ;

– des libéralités avec charges faites en faveur de la collectivité supprimée.

L'excédent d'actif est attribué à l'État après que la ou les collectivités de rattachement ont reçu les ressources nécessaires pour faire face aux dépenses supplémentaires qui résultent du rattachement.

La possibilité de transfert d'une compétence de l'État vers une collectivité locale

Pour simplifier et sauf exception, les compétences qui étaient dévolues à la Région sont dévolues au Département et celles de la Communauté rurale à la Commune, ci-après détaillées.

Elles sont susceptibles d'évoluer puisque le Code prévoit la possibilité pour l'État de transférer, par une loi, l'une ou plusieurs de ses compétences aux collectivités locales.

En ce qui concerne le foncier, l'article 293 de la loi du 28 décembre 2013 dispose que dans le respect des principes et dispositions de la loi sur le Domaine National et du Code du Domaine de l'État, en tout ce qui n'est pas contraire à la présente loi, les compétences transférées aux départements et aux communes en matière domaniale **concernent la gestion et l'utilisation du domaine privé de l'État, du domaine public et du Domaine National.**

CHAPITRE 2

LES DISPOSITIONS SPÉCIFIQUES AUX DÉPARTEMENTS

Condition de création

Selon l'article 21, la création et l'organisation du département ne peuvent porter atteinte ni à l'unité nationale ni à l'intégrité du territoire

Compétences

L'article 27 de la loi dispose que « *Le département a compétence pour promouvoir le développement économique, éducatif, social, sanitaire, culturel et scientifique, pour réaliser les plans départementaux de développement et organiser l'aménagement du territoire dans le respect de l'intégrité, de l'autonomie et des attributions des autres collectivités locales* ».

Organes

Le Conseil départemental, élu pour 5 ans au suffrage universel direct, est l'organe délibérant du département.

Le Président du Conseil et son bureau forment l'organe exécutif du département. Ils sont élus par le Conseil départemental, en son sein, pour une durée de 5 ans.

CHAPITRE 3

LES DISPOSITIONS SPÉCIFIQUES AUX COMMUNES

Suite à la réunion des communes, des communes d'arrondissement et des communautés rurales, on dénombre 552 communes, sauf à parfaire, depuis juin 2014.

Conditions de création

Pour être créée, une commune doit respecter plusieurs conditions (article 73) :

- Elle doit avoir une population d'au moins 1 000 habitants.
- Elle doit être suffisamment développée pour disposer de ressources propres nécessaires à l'équilibre de son budget.

Compétences

L'article 81 dispose que : « *Le conseil municipal règle par ses délibérations les affaires de la commune.*

Il doit assurer à l'ensemble de la population, sans discrimination, les meilleures conditions de vie. Le conseil municipal donne son avis toutes les fois que celui-ci est requis par les lois et règlements ou à la demande du représentant de l'État.

Il peut émettre des vœux, par écrit, sur toutes les questions ayant un intérêt local, notamment sur celles concernant le développement économique et social de la commune.

Il est tenu informé de l'état d'avancement des travaux et des actions financés par la commune ou réalisés avec sa participation.

En outre, sous réserve des dispositions du chapitre V du présent titre, il exerce les compétences suivantes :

1. les modalités d'exercice ***de tout droit d'usage*** *pouvant s'exercer à l'intérieur du périmètre communal, sous réserve des exceptions prévues par la loi ;*

2. ***le plan général d'occupation des sols****, les projets d'aménagement, de lotissement, d'équipement des périmètres affectés à l'habitation, ainsi que l'autorisation d'installation d'habitations ou de campements ;*

3. l'affectation et la désaffectation ***des terres du Domaine National*** *;*

4. la création, la modification ou la suppression des foires et marchés

5. l'acceptation ou le refus des dons et legs ;

6. le budget de la commune, les crédits supplémentaires ainsi que toutes modifications du budget ;

7. les projets locaux et la participation de la commune à leur financement ;

8. les projets d'investissement humain ;

9. ***les acquisitions immobilières et mobilières****, les projets, plans, devis et contrats de constructions neuves, de reconstructions, de grosses réparations ou de tous autres investissements ;*

10. le classement, le reclassement, l'ouverture, le redressement, l'alignement, le prolongement, l'élargissement ou la suppression des voies et places publiques ainsi que l'établissement, l'amélioration, l'entretien des pistes et chemins non classés ;

11. la création, la désaffection ou l'agrandissement des cimetières ;

12. la protection de la faune et de la flore et la lutte contre les déprédateurs et braconniers ;

13. la lutte contre les incendies et la pratique des feux de culture ;

14. la nature et les modalités d'exécution des clôtures et des défenses imitant les fonds et protégeant les récoltes pendantes individuelles ou collectives ;

15. ***les servitudes de passage*** *et la vaine pâture ;*

16. le régime et les modalités d'accès et d'utilisation des points d'eau de toute nature ;

17. la création, la délimitation et la matérialisation de chemins de bétail à l'intérieur de la commune, à l'exception des voies à grande circulation qui relèvent de la compétence du représentant de l'État ;

18. l'organisation de l'exploitation de tous les produits végétaux de cueillette et des coupes de bois. »

Organes

Le Conseil municipal, élu pour 5 ans au suffrage universel direct, est l'organe délibérant de la commune.

Le Maire et ses adjoints sont élus par le Conseil municipal, en son sein, pour 5 ans. Ils forment l'organe exécutif de la commune.

L'article 100 prévoit des conditions d'inéligibilités du maire.

L'article 106 dispose que *« le maire est le représentant de la collectivité locale. À ce titre, il est chargé, sous le contrôle du conseil municipal :*

1. de conserver, d'entretenir et d'administrer les propriétés et les biens de la commune et de faire, en conséquence, tous actes conservatoires de ses droits ;

2. de gérer les revenus, de surveiller les services communaux et la comptabilité communale ;

3. de préparer et de proposer le budget, d'ordonnancer les dépenses et de prescrire l'exécution des recettes ;

4. de diriger les travaux communaux ;

5. de veiller à l'exécution des programmes de développement financés par la commune ou réalisés avec sa participation ;

6. de pourvoir aux mesures relatives à la voirie municipale ;

7. de souscrire les marchés, de passer les baux des biens et les adjudications des travaux communaux selon les règles établies par les lois et règlements ;

8. de passer, **selon les mêmes règles, les actes de vente, d'échange, de partage, d'acceptation de dons ou legs, d'acquisition***, de transaction, lorsque ces actes ont été autorisés par le conseil municipal ;*

9. de représenter la commune en justice ;

10. de prendre, à défaut des propriétaires ou des détenteurs du droit de chasse préalablement mis en demeure, toutes les mesures nécessaires à la destruction d'animaux déclarés nuisibles par les lois et règlements, et éventuellement de requérir les habitants avec armes et chiens propres à la chasse de ces animaux, de surveiller et d'assurer l'exécution des mesures ci-dessus et d'en dresser procès-verbal ;

11. de veiller à la protection de l'environnement, de prendre en conséquence les mesures propres, d'une part, à empêcher ou à supprimer la pollution et les nuisances, d'autre part, à assurer la protection des espaces verts et, enfin, à contribuer à l'embellissement de la commune ;

12. de nommer aux emplois communaux ;

13. d'apporter assistance aux lieux de culte ;

14. et, d'une manière générale, d'exécuter les décisions du conseil municipal. »

Par ailleurs, le maire ou son délégué représente l'administration communale dans tous les conseils, commissions et organismes dans lesquels sa représentation est prévue par les lois et règlements en vigueur.

L'article 107 dispose que *« dans sa circonscription, le maire est le représentant du pouvoir exécutif auprès de la population. À ce titre, il est chargé sous l'autorité du représentant de l'État :*

1. de la publication et de l'exécution des lois, des règlements et des décisions du pouvoir exécutif ;

2. de l'exécution des mesures de sûreté générale ;

3. des fonctions spéciales qui lui sont attribuées par les lois et règlements. »

CHAPITRE 4

LES DISPOSITIONS SPÉCIFIQUES AUX VILLES

Définition et conditions de création

La ville est un ensemble de communes constitué en vue de la mutualisation de leurs compétences. La ville a le statut de commune.

Elle peut être créée, par décret, lorsque plusieurs communes représentent une homogénéité territoriale. Ce décret détermine le nom, le chef-lieu et le territoire de la ville qui correspond à l'ensemble des territoires des communes qui la forme.

Compétences

Selon l'article 169 *« La ville reçoit les compétences dans les domaines suivants :*

*1. **le plan général d'occupation des sols**, les projets d'aménagement, de lotissement, d'équipement des périmètres affectés à l'habitation ;*

2. l'acceptation ou le refus des dons et legs ;

3. le budget de la ville, les crédits supplémentaires ainsi que toutes modifications du budget ;

4. les projets de la ville et la participation de la ville à leur financement ;

5. les projets d'investissement humain ;

*6. **les acquisitions immobilières et mobilières**, les projets, plans, devis et contrats de constructions neuves, de reconstructions, de grosses réparations ou de tous autres investissements, concurremment avec les communes ;*

7. le classement, le reclassement, l'ouverture, le redressement, l'alignement, le prolongement, l'élargissement ou la suppression des voies et places publiques ainsi que l'établissement, l'amélioration, l'entretien des pistes et chemins non classés ;

8. la création, la désaffectation ou l'agrandissement des cimetières énumérés par décret ;

9. la lutte contre les incendies ;

10. l'extension du réseau d'éclairage public ;

11. toute autre compétence décidée par les communes constituant la ville. »

Selon l'article 170, la ville dispose aussi de compétences transférées :

– la gestion des déchets et la lutte contre l'insalubrité ;

– la gestion et l'entretien des hôpitaux de niveau 1 ;

– la participation à la couverture maladie universelle ;

– la participation à l'organisation des compétitions sportives ;

– la surveillance et la conservation des sites et monuments historiques ;

– la promotion et la valorisation des sites et monuments historiques ;

– la promotion de la culture nationale et locale ;

– l'allocation et la répartition de bourses et d'aides scolaires ;

– la promotion des langues nationales et de la tradition orale ;

– l'élaboration du **plan directeur d'urbanisme** (PDU), du **schéma directeur d'aménagement et d'urbanisme** (SDAU), des plans d'urbanisme de détail des zones d'aménagement concerté, de rénovation urbaine et de remembrement ;

– l'élaboration et l'exécution du plan de développement de la ville (PDV) ;

– la mise en œuvre du contrat plan avec l'État pour la réalisation de projets de développement.

Organes

Sans modifier les organes des communes la composant, la ville dispose elle-même des organes suivants :

- Le Conseil de la ville qui en est l'organe délibérant
- Le maire et ses adjoints élus par le Conseil de la ville. Ils forment le bureau de la ville qui en est l'organe exécutif.

CHAPITRE 5

LE CONTRÔLE DE L'ÉTAT

SECTION 1 : LE CONTRÔLE DE LÉGALITÉ DES COLLECTIVITÉS LOCALES

Le contrôle de légalité des collectivités locales est régi par les articles 243 à 250 de la loi du 28 décembre 2013.

A/ LA RÈGLE

Les actes pris par les collectivités locales sont transmis au représentant de l'État auprès, du département ou de la commune, lequel en délivre aussitôt accusé de réception.

La preuve de la réception des actes par le représentant de l'État peut être apportée par tout moyen. L'accusé de réception qui est immédiatement délivré peut être utilisé comme preuve.

Pour les actes ci-dessous énumérés, le représentant de l'État dispose d'un délai de quinze jours pour en demander une seconde lecture. Sont concernés par ces dispositions les actes suivants :

- les délibérations des conseils ou les décisions prises par délégation des conseils ;
- les actes à caractère réglementaire pris par les collectivités locales dans tous les domaines qui relèvent de leur compétence en application de la loi ;
- les conventions relatives aux marchés ainsi que les conventions de concession ou d'affermage de services publics locaux à caractère industriel ou commercial ;
- les décisions individuelles relatives à la nomination, à l'avancement de grade ou d'échelon d'agents des collectivités locales ;
- les décisions individuelles relatives aux sanctions soumises à l'avis du conseil de discipline et au licenciement d'agents des collectivités locales.

Ces actes sont exécutoires de plein droit 15 jours après la délivrance de l'accusé de réception, sauf demande de seconde lecture de la part du représentant de l'État, et après leur publication ou leur notification aux intéressés.

Ce délai de quinze jours peut être réduit par le représentant de l'État à la demande du président du conseil départemental ou du maire.

L'article 244 précise que les décisions réglementaires et individuelles prises par le président du conseil départemental ou le maire dans l'exercice de leurs pouvoirs de police, les actes de gestion quotidienne pris au nom des collectivités locales autres que ceux mentionnés à l'article 243 sont exécutoires de plein droit dès qu'il est procédé à leur publication ou à leur notification aux intéressés, après transmission au représentant de l'État.

B/ LES EXCEPTIONS

L'article 245, précise que par dérogation au caractère exécutoire des actes prévus aux articles 243 et 244, **restent soumis à l'approbation préalable du représentant de l'État** les actes pris dans les domaines suivants :

- les budgets primitifs et supplémentaires ;
- les emprunts et garanties d'emprunts ;
- les plans de développement des collectivités locales ;
- les conventions financières de coopération internationale comportant des engagements d'un montant fixé par décret ;
- les affaires domaniales et l'urbanisme ;
- les garanties et prises de participation dans des sociétés privées exerçant des activités d'intérêt général à participation publique
- les marchés supérieurs à un montant fixé par décret et les contrats de concession d'une durée supérieure à trente ans.

Ces délibérations et décisions **sont transmises au représentant de l'État**, dans les conditions prévues à l'article 243. L'approbation du représentant de l'État est réputée tacite si elle n'a pas été notifiée à la collectivité locale dans le délai d'un mois à compter de la date de l'accusé de réception par le représentant de l'État.

Ce délai d'un mois peut être réduit par le représentant de l'État à la demande du président du conseil départemental ou du maire.

C/ CONTRÔLE JURIDICTIONNEL DE LA COUR SUPRÊME ET RECOURS OUVERTS AUX PERSONNES PHYSIQUES ET MORALES.

1/ La procédure

L'Article 246 précise que le représentant de l'État défère à la Cour Suprême les actes mentionnés aux articles 243 et 244 qu'il estime entachés d'illégalité, dans les deux mois suivant leur transmission.

Cette juridiction doit se prononcer dans un délai maximum d'un mois.

Ces actes déférés au juge ne sont pas susceptibles de recours hiérarchique.

Sur demande du président du conseil départemental ou du maire, le représentant de l'État l'informe de son intention de ne pas déférer au juge administratif un acte qui lui a été transmis en application de l'article 243.

Lorsque le représentant de l'État défère un acte au juge administratif, il en informe par écrit sans délai le président du conseil départemental ou le maire et lui communique toutes précisions sur les illégalités invoquées à l'encontre de l'acte incriminé.

Le représentant de l'État peut assortir son recours **d'une demande de sursis à exécution** (Article 247). Il est fait droit à cette demande si l'un des moyens invoqués dans la requête paraît, en l'état de l'instruction, sérieux et de nature à justifier l'annulation de l'acte attaqué.

Lorsque l'acte attaqué est de nature à compromettre l'exercice d'une liberté publique ou individuelle, le Président de la Cour suprême ou un de ses membres délégué à cet effet prononce le sursis dans les 48 heures.

La Cour suprême peut, sur sa propre initiative, prononcer le sursis à exécution pour tout marché public que lui transmet le représentant de l'État aux fins d'annulation.

2/ La saisine du Représentant de l'État par les personnes physiques et morales lésées par un acte administratif

L'article 250 dispose que sans préjudice du recours direct dont elle dispose, si une personne physique ou morale est lésée par un acte mentionné aux articles 243 et 244 du présent code, elle peut, dans le délai de deux mois à compter de la date à laquelle l'acte est devenu exécutoire, demander au représentant de l'État concerné de mettre en œuvre la procédure d'annulation prévue aux articles 246 et 247.

Pour les actes mentionnés à l'article 243 du présent code, cette demande ne peut avoir pour effet de prolonger le délai de recours contentieux dont dispose le représentant de l'État en application de l'article 246.

Lorsque la demande d'annulation concerne un acte mentionné à l'article 244, le représentant de l'État peut déférer l'acte en cause devant la Cour Suprême dans les deux mois suivant sa saisine par la personne physique ou morale lésée.

Lorsque la demande d'annulation concerne un acte mentionné à l'article 245, au cours du délai d'approbation du représentant de l'État, celui-ci traite cette demande selon la procédure du recours gracieux. Si la décision est devenue exécutoire, seul le recours direct est possible.

Ces actes déférés ne sont pas susceptibles de recours hiérarchique.

SECTION 2 : LES REPRÉSENTANTS DE L'ÉTAT : LE PRÉFET ET LE SOUS-PRÉFET

Ils sont régis par les Articles à 270 à 273 de la loi du 28 décembre 2013.

Le Préfet représente l'État auprès du département, de la ville, de la commune chef-lieu de département et de toutes autres communes qui lui seront rattachées par décret.

Le Sous-préfet représente l'État auprès des autres communes de son arrondissement.

Les représentants de l'État sont les délégués du Président de la République dans leur circonscription Ils sont nommés par décret.

Ils veillent à la sauvegarde des intérêts nationaux, au respect des lois, de l'ordre public. Dans les conditions fixées par la loi du 28 décembre 2013, ils exercent le contrôle de légalité et le contrôle budgétaire. Ils veillent en outre à l'exercice régulier, par les collectivités locales, de leurs compétences.

Ils représentent chacun des ministres et ont autorité sur les services déconcentrés de l'État dans leur circonscription sous réserve des exceptions prévues par d'autres textes. Ils sont seuls habilités à s'exprimer au nom de l'État devant les conseils élus de leurs circonscriptions.

Sur leur demande, le président du conseil départemental et le maire reçoivent des représentants de l'État les informations nécessaires à l'exercice de leurs attributions.

Sur leur demande, les représentants de l'État reçoivent du président du conseil départemental et du maire, les informations nécessaires à l'exercice de leurs attributions.

Le président du conseil départemental et le maire informent leur conseil de tout courrier que les représentants de l'État souhaitent porter à sa connaissance.

SECTION 3 : LES ORGANISMES DE SUIVI

La loi du 28 décembre 2013 prévoit la mise en place par décret de 4 organismes de suivi :

- Le Conseil national de développement des collectivités locales
- Un Comité interministériel de l'administration territoriale
- Un Comité interministériel d'Aménagement du Territoire
- Une Commission nationale d'assistance aux Centres d'Appui au Développement local.

Le Conseil national de développement des collectivités locales comprend, outre des représentants de l'État, des départements et des communes, des représentants du secteur privé et de la société civile.

Au moins une fois par an, il est **présidé par le Chef de l'État** pour établir le bilan de l'évolution des départements et des communes.

Il établit chaque année un état de la coopération décentralisée et formule toutes propositions utiles.

Un Comité interministériel de l'administration territoriale est consulté chaque année sur la conduite de la politique de déconcentration de l'État.

Un Comité interministériel d'Aménagement du Territoire est consulté sur toute modification des limites territoriales et du nombre des départements.

Une Commission nationale d'assistance aux Centres d'Appui au Développement local est consultée sur l'élaboration et la mise en œuvre de la politique et des programmes de développement à la base, avec l'appui des commissions régionales d'assistance aux centres d'Appui au Développement local.

CHAPITRE 6

ACTIONS EN JUSTICE

Elles sont régies par les Articles 229 à 235 de la loi du 28 décembre 2013.

Actions des collectivités locales : Le conseil de la collectivité locale délibère sur les actions à intenter ou à soutenir au nom de la collectivité locale.

L'organe exécutif local, en vertu de la délibération de son conseil, représente en justice la collectivité locale.

Il peut toujours, sans autorisation préalable du conseil, faire tous actes conservatoires ou interruptifs des déchéances.

Actions des contribuables : Tout contribuable inscrit au rôle de la collectivité locale a le droit d'exercer, comme demandeur ou défendeur, à ses frais et risques, **avec l'autorisation du représentant de l'État**, les actions qu'il croit appartenir à la collectivité locale et que celle-ci, préalablement appelée à en délibérer, a refusé ou négligé d'exercer.

Le contribuable adresse au représentant de l'État un mémoire détaillé dont lui est délivré récépissé. Le représentant de l'État transmet immédiatement ce mémoire à l'organe exécutif concerné, en l'invitant à le soumettre à son conseil, spécialement convoqué à cet effet dans un délai de deux mois. Ce délai de convocation peut être abrégé.

Dans le cas où le conseil refuse d'agir en justice, le représentant de l'État **peut autoriser le demandeur à s'y substituer.**

La décision du représentant de l'État doit être motivée. Elle est susceptible de recours devant le juge administratif.

Formalisme à respecter – délais : Aucune action judiciaire autre que les actions possessoires ne peut, à peine d'irrecevabilité, être intentée contre une collectivité locale qu'autant que le demandeur a préalablement adressé au représentant de l'État, par lettre recommandée avec accusé de réception, un mémoire exposant l'objet et les motifs de sa réclamation.

L'action ne peut être portée devant les tribunaux qu'un mois après que le représentant de l'État eut reçu le mémoire, sans préjudice des actes conservatoires.

La présentation du mémoire interrompt toute prescription ou déchéance, si elle est suivie d'une demande en justice dans le délai de trois mois.

Le représentant de l'État adresse immédiatement le mémoire à l'organe exécutif concerné avec l'invitation de convoquer son conseil dans le plus bref délai pour en délibérer.

La partie qui a obtenu une condamnation contre la collectivité locale n'est point passible des charges ou contributions imposées pour l'acquittement des frais et dommages-intérêts qui résultent du procès.

Le recours à la Cour suprême ou à la Cour d'appel doit être notifié par leurs auteurs au représentant de l'État qui peut présenter des observations

Pour aller plus loin sur l'organisation et l'administration du territoire, voir :

– Loi n° 2013-10 du 28 décembre 2013 modifiée en ses articles 31,92 et 95 par la loi 2014-19 du 24 avril 2014, portant Code général des collectivités locales ou Acte III de la décentralisation.

http://www.gouv.sn/IMG/pdf/CODE_GENERAL_CL.pdf

– Demba SY (2014), *DROIT ADMINISTRATIF, 2ème édition revue, corrigée et augmentée*, Dakar, L'Harmattan Sénégal – CREDILA, 420 pages.

DEUXIÈME PARTIE

LES GRANDS ENSEMBLES FONCIERS SELON LA LÉGISLATION ACTUELLE

Après l'indépendance de 1960, le droit foncier sénégalais, partagé entre les règles coloniales – notamment celles du Code civil français – et les pratiques coutumières, va connaître des réformes successives et rapides. Il s'agit aussi bien des textes traitant des domaines et du foncier, de ceux relatifs à des matières spécifiques comme l'eau, les forêts, l'urbanisme, l'environnement, etc., que de ceux portant sur l'organisation et l'administration du territoire (notamment la décentralisation, évoquée dans le Titre I) qui créent des collectivités dotées de compétences aux côtés de l'État.

Ces différents textes laissent apparaître l'existence **de deux grands régimes fonciers :**

- **Les terrains non immatriculés**, à savoir le Domaine National (Titre 1).
- **Les terrains immatriculés lesquels relèvent de la loi 2011-07 du 30 mars 2011 portant Régime de la Propriété Foncière** qui comprend le Domaine de l'État et des collectivités locales et la propriété des personnes privées (Titre 2).

TITRE 1

LES TERRAINS NON IMMATRICULÉS : LE DOMAINE NATIONAL

Le Domaine National a été une innovation de la loi **n° 64-46 du 17 juin 1964**, modifiée par la loi 12-25 du 19 avril 1972 relative aux communautés rurales. Cette loi a fait l'objet du décret 64-573 du 30 juillet 1964 fixant les conditions de son application, et du décret n° 66-858 du 7 novembre 1966 portant application de l'article 5 de la loi de 1964.

Le Domaine National se définit comme « *l'ensemble des terres non classées dans le Domaine public de l'État, non immatriculées et dont la propriété n'a pas été transcrite à la Conservation des hypothèques à la date d'entrée en vigueur de la loi.*

Ne font pas non plus partie de plein droit du Domaine National, les terres, qui à cette même date, faisaient l'objet d'une procédure d'immatriculation au nom d'une personne autre que l'État » (le cas échéant, les particuliers) (**article 1er de la Loi de 1964).**

Ces terres représentaient en 1964 plus de 95 % de la surface au Sénégal regroupant ainsi, de façon résiduelle, tout ce qui ne relève ni du domaine de l'État ou des collectivités ni de la propriété des particuliers (sous forme de titres fonciers). L'État est simplement détenteur du Domaine National.

Le Domaine National est régi par des principes cardinaux et est assez divers dans sa composition. Il entretient aussi des relations étroites avec l'État et les collectivités locales

CHAPITRE 1

LES CARACTÈRES

Aux termes de la loi n° 64-46, la terre appartient à toute la communauté et peut être exploitée par toute personne qui la met en valeur. Ainsi, le Domaine National se caractérise d'abord par le fait qu'il n'appartient à personne.

Cette règle est rappelée à l'Article 292 de la loi du 28 décembre 2013 dite « Acte III » : « *Le territoire sénégalais est le patrimoine commun de la nation* ».

Ensuite, il **ne peut faire l'objet d'appropriation en l'état**. Car pour soumettre les terres du Domaine National à l'appropriation, une procédure spéciale s'applique. Celle-ci a trait d'abord au **déclassement/désaffectation**, puis à **l'immatriculation**, la faisant passer dans le domaine privé de l'État ou de la collectivité locale (département, commune ou ville), lesquels pourront alors en disposer.

Le Domaine National est ainsi régi, dans le principe, **par le régime de l'affectation.**

De façon générale, c'est l'État qui est chargé de l'administration et de la gestion du Domaine National. À ce titre, il décide de leur utilisation et de leur mise en valeur rationnelle, conformément aux plans de développement et aux programmes d'aménagement.

Le Domaine National s'applique sur l'ensemble des terres, aussi bien urbaines que rurales, qui ne sont pas immatriculées et qui relevaient jusque-là du régime du droit coutumier.

CHAPITRE 2

COMPOSITION DU DOMAINE NATIONAL

Le Domaine National se compose de **4 zones : les zones classées, les zones de terroirs, les zones urbaines, et les zones pionnières.**

En vertu de l'article 13 de la loi de 1964, l'État ne peut requérir l'immatriculation des terres du Domaine National constituant des *zones de terroirs* ou affectées par décret en vertu de l'article 11 (*zones pionnières*) que pour la réalisation d'opérations déclarées d'utilité publique (*telles que la réalisation de logements ou d'infrastructures*).

NB : L'immatriculation au nom de l'État est cependant possible sans déclaration d'utilité publique préalable s'il s'agit de terres du Domaine National à vocation agricole situées dans les zones urbaines.

Elles peuvent dans ce cas être immédiatement cédées à des tiers en vue de l'urbanisation ou de la réalisation d'équipements collectifs **(article 27 décret 66-858 du 7 novembre 1966 portant application de l'article 5 de la loi du 17 juin 1964).**

SECTION 1 : LES ZONES CLASSÉES

Selon l'article 6 de la loi n° 64-46, *« les zones classées sont constituées* ***par les zones à vocation forestière ou les zones de protection*** *ayant fait l'objet d'un classement dans les conditions prévues par la réglementation particulière qui leur est applicable. Elles sont administrées conformément à cette réglementation »*.

SECTION 2 : LES ZONES DE TERROIR

Ce sont des terrains régulièrement exploités **pour l'habitat rural, la culture et/ou l'élevage**.

Il faut préciser qu'en théorie, les terres de terroir ne peuvent faire l'objet que d'affectations aux membres (personnes physiques ou groupements) des communautés rurales (devenues communes depuis le 29 juin 2014), aux fins de mise en valeur et d'exploitation, en dehors de toute logique d'appropriation.

1/ l'affectation à durée indéterminée est assortie d'une obligation de mise en valeur suffisante de la parcelle (art. 15 de la loi 64.46 du 17 juin 1964 ; art. 18 du décret n° 64.573 du 30 juillet 1964).

2/ Les droits qui en découlent au profit de l'affectataire sont **des droits d'usage (article 19 de la loi de 1964) lesquels sont des droits réels (voir définition du Code civil ci-dessous),** qui peuvent être transmis totalement ou partiellement aux héritiers de l'affectataire

3/ ce droit d'usage peut être perdu notamment en cas de défaut de mise en valeur des terres ou de mise en valeur insuffisante ou de violation par l'affectataire de ses obligations.

4/L'affectation des terres du Domaine National est gratuite. Cependant, le Conseil Rural réclame des frais de bornage.

SECTION 3 : LES ZONES PIONNIÈRES

Les zones pionnières sont des terres du Domaine National **que l'on ne peut classer dans aucune des catégories précédentes.** Elles sont surtout réservées pour des mises en valeur prévues **dans des plans d'aménagement ou de développement**. En effet, des terres des zones pionnières peuvent être affectées par l'État à des collectivités locales ou à des opérateurs pouvant les mettre en valeur, et qu'il reconnaît et contrôle.

SECTION 4 : LES ZONES URBAINES

Les zones urbaines sont les terres du Domaine National **situées sur le territoire des communes et des groupements d'urbanisme.** Sont exclues les dépendances urbaines du domaine public et privé de l'État et des collectivités. Il en est de même des terrains appartenant à des personnes privées.

Les terrains urbains du Domaine National notamment, **peuvent être à vocation agricole ou de construction.** S'ils sont à vocation agricole, ils ne peuvent faire l'objet que d'un permis d'exploitation personnel, délivré par une commission ad hoc. Ce statut se distingue ainsi de celui des terrains constructibles qui peuvent regrouper les zones résidentielles, commerciales, industrielles ou d'extension.

Comme indiqué ci-dessus, le décret n° 66-858 du 7 novembre 1966 portant application de l'article 5 de la loi du 17 juin 1964 précise que les terres du Domaine National **situées en zones urbaines peuvent être**

immatriculées au nom de l'État sans déclaration d'utilité publique, ce qui constitue une exception à la règle posée par l'article 13. Les terrains ainsi immatriculés peuvent être immédiatement cédés par l'État à des tiers en vue de l'urbanisation ou de la réalisation d'équipements collectifs (article 27).

CHAPITRE 3

TRANSFERT D'UN TERRAIN DU DOMAINE NATIONAL DANS LE DOMAINE PRIVÉ D'UNE COLLECTIVITÉ LOCALE PUIS CESSION À UN TIERS

L'État est le détenteur du Domaine National. Mais les collectivités locales jouissent aussi directement ou indirectement de prérogatives à son égard tant pour la propriété que la gestion des terrains.

- **Cession de biens par l'État à des collectivités locales**

L'État peut affecter ou céder tout ou partie de ces zones d'aménagement spécial, suivant des critères fixés par décret, à des personnes physiques, **des collectivités locales** ou à toute personne morale, pour la réalisation de projets de développement économique et social.

Les départements et les communes ont donc un domaine privé immobilier constitué de l'ensemble des biens et droits immobiliers qu'elles ont acquis à titre gratuit ou onéreux (terrains en zones de terroir ou en zone classée ayant fait l'objet d'un déclassement suite à une déclaration d'utilité publique (article 13 de la loi de 1964) ou terres du Domaine National à vocation agricole situées en zones urbaines sans nécessité d'une déclaration préalable d'utilité publique (article 27 du décret 66-858 du 7 novembre 1966).

- **Conséquences de l'entrée en vigueur de la loi du 28 décembre 2013 sur le patrimoine des départements et des communes**

Les biens des départements sont régis par l'article 26 de la loi du 28 décembre 2013 qui dispose :

« Les biens appartenant à un département rattaché à un autre deviennent la propriété du département de rattachement.

Les biens appartenant à un département rattaché à une portion de département érigé en département distinct deviennent la propriété de ce nouveau département.

Les habitants du département ou de la portion territoriale du département rattaché à un autre conservent la jouissance des biens dont les fruits sont perçus en nature.

Le décret portant fusion ou modification des limites territoriales d'un département en détermine expressément toutes les autres conditions y compris la dévolution des biens.

Un décret détermine notamment les conditions d'attribution soit au département ou aux départements de rattachement soit à l'État :

– des terrains ou édifices faisant partie du domaine public.

– de son domaine privé.

– des libéralités avec charges faites en faveur du département supprimé. »

Les biens des communes sont régis par l'article 79 de la loi du 28 décembre 2013, lequel reproduit les mêmes dispositions que celles de l'article 26 précité.

• **Concernant la gestion du Domaine National**

Les articles 300 à 303 de la loi du 28 décembre 2013 dite Acte III renvoient à la loi de 1964 sur le Domaine national en ce qui concerne les projets ou opérations initiés sur le Domaine National par une personne physique, une collectivité locale ou toute autre personne morale distincte de l'État.

Pour les projets et opérations qu'il initie sur le Domaine National, l'État prend la décision après avis des conseils locaux concernés, sauf impératif de défense nationale ou d'ordre public.

Cette décision est communiquée, pour information, aux conseils locaux concernés.

Les terrains du Domaine National sis dans les communes peuvent être immatriculés au nom de l'État et affectés aux communes en cas de besoin, notamment pour servir d'assiette à des projets d'équipements collectifs.

Gestion des terrains en zone urbaine : La propriété des terrains immatriculés reste à l'État dans le cadre des lotissements des terrains du Domaine National des zones urbaines.

Toutefois, la commission d'attribution des parcelles issues de ces lotissements est présidée par le maire. La composition des membres de cette commission est fixée par décret.

Les décisions de la commission font l'objet d'un acte portant attribution de parcelles aux affectataires. Cet acte est soumis à l'approbation du représentant de l'État.

Pour tout projet ou opération de la compétence de l'État dans les zones urbaines, à l'exclusion de terrains à usage d'habitation, celui-ci prend la décision après avis du conseil départemental et du conseil municipal concernés.

Cette décision est communiquée au conseil départemental et conseil municipal concernés.

Les terres du Domaine National à vocation agricole situées dans les zones urbaines sont gérées conformément aux dispositions de la loi sur le Domaine National concernant les zones urbaines, en tout ce qui n'est pas contraire aux dispositions de la présente loi.

Gestion des terrains en zone pionnière et de terroir : Lorsque des terres précédemment situées dans des zones pionnières sont reversées dans des zones de terroir, l'État conserve la gestion des parties des zones pionnières ayant fait l'objet d'un aménagement spécial et y exerce les prérogatives nécessaires quant à leur mode de gestion.

- **L'affectation ou la cession de terrains par l'État et les collectivités locales à des personnes physiques et morales**

L'État peut affecter ou céder tout ou partie de ces zones d'aménagement spécial, suivant des critères fixés par décret, à des **personnes physiques**, des collectivités locales **ou à toute personne morale**, pour la réalisation de projets de développement économique et social. (Projets d'intérêt général).

Jusqu'au 29 juin 2014, une personne physique ou morale pouvait solliciter l'affectation d'une parcelle pour la réalisation de tels projets (par exemple création de logements ou d'équipements collectifs), après approbation de l'affectation par le représentant de l'État.

Pour rappel, le bénéficiaire de l'attribution devait demander à l'État ou la collectivité locale à travers le Service des Impôts et des Domaines du lieu de situation du terrain un bail emphytéotique ou un droit de superficie ; ce qui nécessitait une immatriculation préalable de la parcelle de terrain du Domaine National au nom de l'État (voir notamment le décret n° 64.573 du 30 juillet 1964 et la loi 2011-06 du 30 mars 2011).

Cette demande devait être accompagnée de 4 exemplaires de l'acte administratif emportant affectation, du plan de la parcelle et d'une pièce d'identité de l'attributaire, et d'une réquisition d'immatriculation comportant un plan du terrain effectué par un géomètre-expert.

Si le terrain avait été mis en valeur (édification de constructions comme une clôture), il était possible de céder lesdites constructions appelées *« peines et soins »* mais la cession du terrain en lui-même suppose que le terrain soit sorti du Domaine National et soit entré dans le domaine privé de l'État ou de la collectivité locale après immatriculation. (Déclassement).

L'article 13 de la loi de 1964 sur le Domaine National dispose en effet qu'**une immatriculation des terrains est d'abord nécessaire,** les transférant alors dans le domaine privé de l'État ou de la collectivité locale **pour pouvoir ensuite les attribuer à un tiers** à titre initial conformément à l'article 3 de la loi de 1964 sur le Domaine national.

Depuis le 29 juin 2014, la demande doit être faite auprès du département ou de la commune, compte tenu de la suppression des communautés rurales.

TITRE 2

LES TERRAINS IMMATRICULÉS : DOMAINE DE L'ÉTAT, DES COLLECTIVITÉS LOCALES ET DES PERSONNES PRIVÉES

Les terrains immatriculés représentaient en 1964, moins de 5 % des terres au Sénégal.

SECTION 1 : LE DOMAINE DE L'ÉTAT ET DES COLLECTIVITÉS LOCALES

Le domaine de l'État est régi par la loi 76-66 du 2 juillet 1976 portant Code du domaine de l'État, modifiée par la loi 85-15 du 25 février 1985 uniquement en ce qui concerne l'article 5 de la loi.

Il se compose **du domaine public et du domaine privé.**

L'article 13 de l'Acte III sur la décentralisation entré en vigueur le 29 juin 2014 précise que le domaine public et privé d'une collectivité locale se compose de biens meubles et immeubles acquis à titre onéreux ou gratuit.

L'État peut transférer à une collectivité locale la gestion d'une partie de son domaine public. Il peut également cogérer avec une collectivité locale, lui affecter ou céder, à titre onéreux ou gratuit, des biens de son domaine privé se trouvant dans le ressort territorial de celle-ci.

Pour des motifs d'intérêt général, l'État se réserve le droit de reprendre tout ou partie de ces biens à charge d'en rembourser les impenses conformément aux lois et règlements.

Les règles relatives au classement, au déclassement, au transfert, à l'affectation, à la désaffectation et à l'aliénation du domaine d'une collectivité locale sont fixées par la loi.

I. LE DOMAINE PUBLIC DE L'ÉTAT

A/ COMPOSITION ET CARACTÉRISTIQUES

Selon la loi 76-66, le domaine public de l'État regroupe les *« biens qui, en raison de leur nature ou de la destination qui leur est donnée, ne sont pas susceptibles d'appropriation privée »* **(art. 2).**

Le domaine public de l'État est marqué par des principes directeurs que sont l'inaliénabilité et l'imprescriptibilité. L'article 9 dispose que « *le domaine public est inaliénable et imprescriptible* ».

Toutefois, selon l'article 19, les dépendances du domaine public peuvent être **déclassées**.

Le déclassement a pour effet de priver un immeuble de son caractère de domanialité publique, l'introduisant alors, après immatriculation, dans le domaine privé ou à défaut d'immatriculation, dans le Domaine National. L'article 19 al. 3 énumère toutes les dépendances qui peuvent faire l'objet d'un déclassement.

La curiosité ici réside dans le fait que le domaine public maritime (DPM) y est mentionné. (Zone de 100m de large en bordure du rivage de mer) ce qui constitue un aménagement sérieux à la règle posée par l'article 9.

Le domaine public relève fondamentalement du droit administratif. Et il convient de relever la particularité sénégalaise de la domanialité des eaux.

À ce titre, l'on distingue le domaine public naturel et le domaine public artificiel.

1/ Le domaine public naturel (article 5 de la loi 76-66)

Il regroupe six ensembles limitativement énumérés. L'on a ainsi, notamment, sous réserve des diverses conditions assorties à l'article 5 de ladite loi :

- les eaux intérieures et les rivages de mer,
- les cours d'eaux navigables ou flottables,
- les cours d'eaux ni navigables ni flottables,
- les lacs et étangs permanents,
- les eaux de surface et les nappes aquifères souterraines,
- le sous-sol et l'espace aérien.

2/ Le domaine public artificiel (article 6 de la loi du 2 juillet 1976)

La caractéristique essentielle du domaine artificiel est **qu'il est bâti ou aménagé.**

Il comprend « *notamment* » :

- les emprises des routes, des chemins de fer, des gares ;
- les ports maritimes et fluviaux ;
- les aérodromes et aéroports ;
- les conduites d'eaux,
- les ouvrages militaires, etc.

B/ LES AUTORISATIONS D'OCCUPER PROVISOIREMENT LE DOMAINE PUBLIC DE L'ÉTAT

Le domaine public peut faire l'objet de permissions de voiries, d'autorisation d'occuper, de concessions et d'autorisations d'exploitation donnant lieu, sauf dans les cas prévus à l'article 18 de la loi 76-66 du 2 juillet 1976 au paiement de redevances. (Article 11 de la loi de 1976). Ces autorisations et permissions, attribuées à titre précaire et révocable, sont, du fait de leur spécificité, peu communes.

Pour le montant de la redevance, voir le décret 2010-399 du 23 mars 2010 portant fixation du barème des redevances pour occupation temporaire du domaine public de l'État).

C/ LES DISPOSITIONS DE LA LOI DU 28 DÉCEMBRE 2013 RELATIVES AU DOMAINE PUBLIC (ARTICLES 296 À 299)

1/ Gestion du domaine public naturel

Pour les projets initiés sur le domaine public maritime et le domaine fluvial par les personnes physiques, les collectivités locales ou toute autre personne morale, il est requis l'autorisation du conseil départemental, après avis de l'organe délibérant de la commune où se situe le projet.

Cette délibération est soumise à l'approbation du représentant de l'État.

Pour les projets ou opérations initiés par l'État sur le domaine public maritime et sur le domaine fluvial, soit dans le cadre de l'exercice de la souveraineté, soit dans l'optique de la promotion du développement économique et social, l'État prend la décision après avis des conseils départemental et municipal sauf impératif de défense nationale ou d'ordre public. L'État communique la décision pour information aux conseils départemental et municipal.

Dans les zones du domaine public maritime et du domaine public fluvial, dotées de plans spéciaux d'aménagement approuvés par l'État, les compétences de gestion sont déléguées par ce dernier aux départements et communes concernés respectivement pour les périmètres qui leur sont dévolus dans lesdits plans.

Les redevances y afférentes sont versées aux collectivités locales concernées.

Les actes de gestion qu'elles prennent sont soumis à l'approbation du représentant de l'État et communiqués, après cette formalité, aux représentants départemental et municipal pour information.

2/ Gestion du domaine public artificiel

Le domaine public artificiel reste géré par l'État après le 29 juin 2014.

Toutefois, l'État peut transférer aux collectivités locales, suivant des modalités de classement qui sont fixées par décret, la gestion des monuments historiques.

Les communes sont chargées de la gestion de la voirie non classée située à l'intérieur du périmètre communal.

II. LE DOMAINE PRIVÉ DE L'ÉTAT ET DES COLLECTIVITÉS LOCALES

Le domaine privé de l'État et des collectivités locales est en principe **régi par le droit privé**. Il s'agit principalement des biens immobiliers et mobiliers acquis par l'État à titre gratuit ou onéreux selon les modes du droit commun, des immeubles acquis par expropriation, des immeubles immatriculés au nom de l'État, des immeubles préemptés par l'État, des immeubles abandonnés, des portions du domaine public déclassées, des biens vacants et sans maître, etc.

Le domaine privé est divisé en **domaine affecté et non affecté.**

A/ Composition et caractéristiques

1/ Le domaine privé affecté

Il se constitue par décret, et comprend les immeubles mis gratuitement **à la disposition des services de l'État ou de personnes morales de droit public,** pour leur permettre d'assurer leur fonctionnement.

Cela revêt de l'importance surtout dans le contexte de décentralisation. Le bien affecté peut, ensuite et par le parallélisme des formes, être désaffecté par décret.

2/ Le domaine privé non affecté

Il comprend **les terrains à mettre en valeur**, administrés de manière à assurer leur utilisation et leur mise en valeur rationnelles conformément aux plans de développement et d'urbanisme ou aux programmes d'aménagement.

La mise en valeur peut être **initiale**, c'est-à-dire que le domaine privé non affecté qui intéresse la personne privée n'est pas déjà mis en valeur. Elle peut aussi concerner des terrains non encore affectés et mis en valeur, notamment lorsque des constructions, installations, aménagements, y sont réalisés.

L'État et les collectivités locales peuvent accorder divers titres d'occupation sur la partie non affectée de leur Domaine privé (article 36 de la loi de 1976).

B/ Les différents titres d'occupation sur le domaine privé non affecté de l'État

L'État et les collectivités locales peuvent accorder des titres d'occupation sur leur domaine privé non affecté qui ne doivent pas être confondus avec les titres fonciers qui font l'objet d'une étude séparée sur la propriété des personnes privées. (**Section 3**)

Les titres d'occupations peuvent être classés en 2 catégories : les droits d'occupation personnels rattachés à la personne et les droits d'occupation réels, rattachés au bien.

1/ Les droits d'occupation personnels

a/ Les autorisations d'occuper à titre précaire et révocable (article 37 de la loi de 1976)

L'autorisation d'occuper, à titre précaire et révocable, est accordée sur un terrain situé dans une zone **non encore dotée d'un plan d'urbanisme ou dont le plan d'urbanisme doit être révisé dans un délai rapproché**. Le bénéficiaire d'une autorisation d'occuper ne peut réaliser sur le terrain que des installations légères et démontables. L'autorisation est un acte administratif unilatéral, l'attributaire est tenu au paiement d'une redevance, et doit libérer les lieux sans indemnité, à l'expiration du délai imparti, après un préavis de 3 mois par lettre recommandée. Elle est accordée par décision du ministre chargé des Domaines, et ne confère qu'un droit personnel, donc non susceptible d'hypothèque.

b/ Les baux ordinaires (article 38 de la loi de 1976)

Le bail ordinaire est un contrat à durée déterminée, qui ne peut dépasser 18 ans. Il est consenti pour des constructions, installations ou aménagements, à usage autre que d'habitation (Art. 38 du Code du Domaine de l'État (CDE).

À son propos, l'article 544 du Code des Obligations Civiles et Commerciales (COCC) donne la précision suivante :

« *Le louage est le contrat par lequel le bailleur s'oblige à fournir au preneur pendant un certain temps la jouissance d'une chose contre paiement d'un loyer.* »

Il est consenti sous condition résolutoire obligatoire de mise en valeur dans un délai déterminé.

2 / Les droits d'occupation réels

a/ Le bail emphytéotique ou emphytéose (article 39 de la loi de 1976)

Le bail emphytéotique est consenti pour une durée comprise entre 18 et 50 ans maximum selon les textes en vigueur soit un bail de 30 ans et, éventuellement un renouvellement de 20 ans et non plus de 99 ans.

L'État ne transfère que la jouissance du sol. À l'expiration du bail et à défaut de demande de prorogation ou de renouvellement, l'État reprend le terrain dans l'état où il se trouve, à moins qu'il ne demande la remise en état des lieux, et ce, à la charge du bénéficiaire du bail.

Le bail emphytéotique peut donner lieu au paiement par l'État d'une indemnité, en cas de reprise avant terme, de rejet de la demande de renouvellement, ou de rejet de la demande de prorogation.

Le bénéficiaire d'un bail emphytéotique a un droit réel, **susceptible d'hypothèque**, dont les modalités de transfert sont fixées par la circulaire N° 00651 MEF du 31 mai 2000.

b/ La concession d'un droit de superficie

Le droit de superficie consiste dans le fait de posséder des constructions, ouvrages ou plantations, sur un fonds appartenant à autrui ou d'être autorisé à en établir.

« *Il y a lieu* – ajoute l'article 40 de la loi de 1976 – *à concession du droit de superficie qu'à l'égard des terrains situés dans une zone résidentielle dotée d'un plan d'urbanisme de détail et destinés à la construction de logement ou d'immeubles à usage d'habitation* ».

Le droit de superficie est concédé sous condition résolutoire obligatoire de mise en valeur pour une durée comprise entre 25 et 50 ans, avec possibilité de renouvellement. Il est susceptible d'être hypothéqué. Le prix est égal à la valeur du sol et peut être payé en plusieurs versements.

Le droit de superficie, droit réel susceptible d'hypothèque, présente plus de garantie que la plupart des titres d'occupation du domaine privé immobilier de l'État. La propriété du sol reste à l'État, mais le concessionnaire est propriétaire des constructions qu'il a réalisées.

Observations :

Il y a lieu de relever que les procédures, actes juridiques et droits réels auxquels le domaine privé non affecté de l'État peut donner lieu (autorisation d'occuper, droit de superficie, baux, etc.), ne sont pas à la discrétion de l'administration.

Ainsi, **l'autorisation d'occuper** ne vaut que lorsque « *le terrain est situé **dans une zone non encore dotée** d'un plan d'urbanisme ou dont le plan d'urbanisme doit être révisé dans un délai rapproché* ».

Quant à la **concession d'un droit de superficie,** elle n'intervient « *qu'à l'égard des terrains situés dans une zone résidentielle **dotée d'un plan d'urbanisme** de détail et destinés : soit à la construction par l'attributaire d'une **habitation individuelle** répondant à ses besoins ; soit à la **construction d'immeubles collectifs** à usage d'habitation par* *toute personne se consacrant avec l'agrément de l'État au développement de l'habitat* ».

C/ DISPOSITIONS DE LA LOI DU 28 DÉCEMBRE 2013 RELATIVES AU DOMAINE PRIVÉ DE L'ÉTAT (ARTICLES 294 ET 295)

L'État peut céder aux collectivités locales tout ou partie de ses biens meubles ou immeubles relevant de son domaine privé, ou passer avec ces collectivités des conventions portant sur l'utilisation desdits biens.

La cession par l'État des biens meubles et immeubles – notamment des immeubles bâtis ou non bâtis – aux collectivités locales pour leur permettre d'exécuter leurs missions et d'abriter des agences décentralisées ou des équipements collectifs, peut être opérée, soit à l'initiative des collectivités locales, soit à l'initiative de l'État.

L'État peut, conformément aux dispositions de l'article 294 soit faciliter aux collectivités locales l'accès à la pleine propriété de tout ou partie des biens meubles et immeubles relevant de son domaine privé, soit affecter simplement le droit d'usage à ces collectivités locales de certains de ses biens meubles et immeubles.

SECTION 2 : LA PROPRIÉTÉ FONCIÈRE PRIVÉE

Elle est régie par une loi générale : **la loi 2011-07 du 30 mars 2011 qui annule et remplace le décret du 26 juillet 1932 sur la propriété foncière (I) et par des lois spéciales (II).**

I. LES PRINCIPALES DISPOSITIONS DE LA LOI 2011-07 DU 30 MARS 2011

A/ LES MODIFICATIONS DE FORME ET DE FOND PAR RAPPORT AU DÉCRET DU 26 JUILLET 1932

Le régime de la propriété foncière privée est organisé au Sénégal depuis le décret du 26 juillet 1932 qui a instauré définitivement le système de l'immatriculation des terres et des livres fonciers.

Son introduction au Sénégal est fort ancienne puisqu'elle remonte au décret du 20 juillet 1900 abrogé et remplacé par le décret du 24 juillet 1906, lui-même abrogé et remplacé par celui du 26 juillet 1932.

Ce régime a pour but d'organiser la propriété foncière en assurant aux titulaires la garantie des droits réels qu'ils possèdent sur les immeubles, et en leur délivrant un titre foncier définitif et inattaquable.

L'article 1er de la loi 2011-07 du 30 mars 2011 dispose : « *Le Service de la Conservation de la Propriété et des droits fonciers assure aux titulaires,* ***la garantie des droits réels*** *qu'ils* ***possèdent sur les immeubles soumis au régime de l'immatriculation****, dans les conditions déterminées par la présente loi* ».

Des modifications de fond et de forme ont été apportées en 2011 au régime de la propriété foncière, tel qu'il était organisé par le décret du 26 juillet 1932.

1/ Modifications de forme

En vertu des dispositions combinées des articles 43, 67 et 76 de la Constitution, la loi détermine entre autres les principes fondamentaux du régime de la propriété foncière et des droits réels, les matières qui ne sont pas du domaine législatif ayant un caractère réglementaire.

L'application de ces règles s'est traduite par le regroupement des dispositions du décret foncier relatives aux principes fondamentaux de la propriété et des droits fonciers dans la nouvelle loi. Les dispositions à caractère réglementaire seront reprises dans son décret d'application.

Ce travail d'ordonnancement est accompagné d'une toilette du décret du 26 juillet 1932 pour en supprimer les parties entachées d'anachronisme.

Ainsi toutes les références au statut colonial sont supprimées tant au niveau des institutions que des personnes et des biens fonciers.

2/ Modifications de fond

a/ Personnes autorisées à requérir l'immatriculation :

Il résultait de l'article 4 du décret du 26 juillet 1932 que « *l'immatriculation des immeubles aux livres fonciers est autorisée, quel que soit l'état ou le statut des propriétaires ou détenteurs* ».

Cette possibilité est écartée par les articles 4, 34 et 35 de la loi de 2011 qui précisent **que seuls l'État et le créancier du débiteur sont autorisés à requérir l'immatriculation des immeubles au Livre foncier.**

b/ Caractère facultatif de l'immatriculation sauf acquisition ou cession d'un droit réel

Aux termes de l'article 5 du décret foncier de 1932, l'immatriculation était facultative. Exceptionnellement elle était obligatoire :

« 1° dans le cas d'aliénation ou de concession des terres domaniales ;

2° dans le cas où un immeuble, détenu jusque-là dans les formes admises par les coutumes indigènes, doit faire, pour la première fois, l'objet d'un contrat écrit, rédigé en conformité avec les principes du droit français.

Dans ces deux cas, la formalité doit précéder la passation de l'acte qui consacre l'accord définitif des parties, à peine de nullité dudit acte ».

Si avec la loi n° 2011-07de mars 2011 le principe du caractère facultatif de l'immatriculation demeure **(article 5), elle est cependant obligatoire pour pouvoir acquérir ou céder un droit réel** précise l'**article 380 du Code des Obligations Civiles et Commerciales :** *« A peine de nullité absolue du contrat, l'immatriculation de tout immeuble est obligatoire pour la validité des conventions* ***constituant ou transférant*** *un des droits de protégés par le régime de l'immatriculation foncière ».*

c/ Législation applicable aux immeubles immatriculés :

L'article 19 du décret foncier de 1932 soumettait les immeubles et les droits réels qui s'y rapportaient, d'une façon générale, aux dispositions du Code civil et des lois françaises encore applicables au moment de son avènement.

Il va de soi que cette disposition a été révisée depuis l'accession du Sénégal à la souveraineté. En matière immobilière notamment, les lois et codes sénégalais particulièrement le Code des Obligations civiles et commerciales, le Code de la Famille et le Code de Procédure civile ont remplacé les lois françaises.

La loi de 2011 soumet donc les immeubles immatriculés et les droits y afférents aux dispositions légales et réglementaires *« en vigueur »* **(Art. 18).**

À l'exception de l'article 555, les articles 544 à 702 du Code civil français sont encore applicables au Sénégal, le décret de 1932 puis la loi du 30 mars 2011 qui l'a abrogé, renvoyant au Code civil français, pour la définition du Droit de propriété, des autres droits réels, de ses démembrements et des servitudes.

d/ Immatriculation des immeubles :

En vertu des dispositions de l'article 86 du décret du 26 juillet 1932, étaient seuls susceptibles d'immatriculation sur les livres fonciers, les fonds de terre bâtis ou non bâtis.

Par l'effet de la loi 64-46 du 17 juin 1964 relative au Domaine National, **seuls les fonds de terre bâtis ou non bâtis dépendant du Domaine National sont susceptibles d'immatriculation** aux livres fonciers (article 36 de la loi de mars 2011).

e/ Opposition à immatriculation et de demande d'inscription :

Sous l'empire du décret du 26 juillet 1932, toutes les personnes intéressées pouvaient intervenir dans la procédure d'immatriculation par voie d'opposition ou de demande d'inscription. **(Articles 97 et suivants du décret du 26 juillet 1932).**

La loi de 2011 **supprime l'opposition à immatriculation,** et conséquemment, la demande d'inscription.

f/ publicité des droits réels :

La publicité foncière est définie comme l'ensemble des règles, des techniques et des modalités de leur mise en œuvre qui concourent, en vue, généralement de la production d'effets de droit, à assurer, la constitution, la conservation et la délivrance d'informations juridiques sur les immeubles.

Elle tend à la détermination précise et à la consolidation de la situation juridique des immeubles soumis à ce régime et du patrimoine immobilier des personnes.

De ce fait, elle est strictement nécessaire à la sécurité des transactions immobilières et du crédit garanti par les immeubles.

La loi de 2011 n'apporte pas de changements notables à la publication des droits réels ni aux effets fondamentaux de l'immatriculation foncière.

g/ Demeurent toujours maintenus dans la loi de 2011 :

- **Le principe de l'intangibilité tant matérielle que juridique du titre foncier.**

L'immatriculation d'un immeuble au livre foncier est précédée d'une vaste publicité et exige l'observation des formalités multiples et minutieuses destinées à sauvegarder les droits des tiers.

Il est donc normal qu'une fois l'immatriculation opérée, il ne soit plus possible de revenir sur la situation de l'immeuble, tant sur ses limites que sur le droit de propriété consacré.

Dès lors, le caractère définitif et inattaquable n'est réservé qu'aux droits réels reconnus après une procédure qui permette aux tiers d'en discuter le bien fondé.

Ce principe est posé par les articles 6, 42 et 43 de la loi de 2011.

L'immatriculation est définitive (article 6 de la loi de 2011) ; ses effets sont importants puisque cette formalité permet, précise l'article 42, l'établissement, de façon **définitive et inattaquable**, du titre ou de la preuve de propriété d'un immeuble et des droits réels en découlant, par une description prise au livre foncier. L'immeuble immatriculé est donc la propriété de la personne dont il porte le nom.

L'article 43 de la loi de 2011 précise que *« toute action tendant à la revendication d'un droit réel non révélé en cours de procédure et ayant pour effet de mettre en cause le droit de propriété même d'un immeuble immatriculé est irrecevable.*

Cette règle figure également à l'article 381 du COCC relatif au transfert des droits réels : « *L'acquisition du droit réel* ***résulte de la mention au titre foncier*** *du nom du nouveau titulaire du droit.*

Celui-ci acquiert de ce fait sur l'immeuble ***un droit définitif et inattaquable*** *dont l'étendue est déterminée juridiquement et matériellement par les énonciations du titre foncier.*

- Le principe de l'inexistence de droit réel sans inscription.

Ce principe est le fondement du régime de la propriété foncière. Il assure la conservation des avantages acquis de l'immatriculation et garantit la sécurité des transactions à venir.

Il résulte de ce principe que tous **les droits réels révélés** par l'immatriculation sont inscrits aux livres fonciers où toute personne intéressée peut en prendre connaissance.

Au surplus, **toutes les modifications qui affectent ces droits réels doivent être également publiées** aux livres fonciers pour être opposables aux tiers.

En d'autres termes, un droit réel n'existe que tant qu'il est rendu public et inscrit.

Le régime de l'immatriculation foncière proscrit les causes occultes d'acquisition ou d'extinction de droits réels sur les immeubles immatriculés.

L'article 44 de la loi de 2011 précise que le seul recours ouvert à une personne qui serait lésé suite une immatriculation, est une action personnelle en indemnité (dommages et intérêts). Contrairement à la législation française, la législation sénégalaise ne permet pas à une personne privée de revendiquer la propriété d'un immeuble définitivement immatriculé en invoquant la prescription acquisitive (usucapion), et ce par application de l'article 33 de la loi de mars 2011 qui dispose :

« la prescription ne peut en aucun cas constituer un mode d'acquisition de droits réels sur des immeubles immatriculés ou de libération des charges grevant les mêmes immeubles ».

La loi sénégalaise n'admet donc pas la prescription comme mode d'acquisition ou de libération de droits réels ou charges grevant les immeubles immatriculés. Toutefois, la prescription acquisitive est reconnue à l'État en ce qui concerne les immeubles abandonnés pendant trente années consécutives par leurs occupants légitimes en vertu de l'article 33 alinéa 2 qui dispose :

« Toutefois, un immeuble immatriculé abandonné pendant 30 années consécutives par ses propriétaires ou occupants légitimes est considéré comme vacant et incorporé au domaine de l'État dans les formes et conditions fixées par décret ».

Il s'agit d'une spécificité importante par rapport au droit français qui mérite d'être soulignée.

B/ DÉFINITIONS ET DISPOSITIONS DU CODE CIVIL FRANÇAIS ENCORE APPLICABLES AU SÉNÉGAL RELATIFS AU DROIT DE PROPRIÉTÉ

Il est rappelé que l'Art. 19 de la loi de mars 2011 dispose : « *Sont notamment susceptibles d'inscription aux livres fonciers* *a)* ***Les droits réels*** *immobiliers suivants :* ***la propriété*** *des biens immeubles ;* ***l'usufruit*** *des mêmes biens ;* ***les droits d'usage et d'habitation*** *;* ***l'emphytéose ; le droit de superficie ; les servitudes*** *et* ***services fonciers*** *; enfin* ***les privilèges et hypothèques.***

b) ***Les actions*** *qui tendent à revendiquer ces droits réels*

Cet article important nécessite des développements et explications.

1/ Différence entre droits réels et droits personnels

Le droit réel se définit comme un pouvoir direct et immédiat sur une chose, le pouvoir de retirer les avantages économiques de cette chose. Ce droit établit entre l'individu et la chose un lien puissant et direct. **Ce droit rattaché au bien** se transmet aux acquéreurs successifs.

Le droit personnel, à l'opposé, implique une relation entre la personne, le créancier le débiteur. Il ne porte pas directement sur la chose, mais confère un droit au créancier contre le débiteur qui se diffuse sur l'ensemble de son patrimoine.

Il existe trois catégories de droits personnels : les obligations de faire, de ne pas faire et de donner.

Le droit réel présente **cinq différences** avec le droit personnel. Ces différences tiennent à une opposition de nature.

1. À la différence du droit personnel, le droit réel est susceptible de possession, car la chose qui en est l'objet peut être matériellement détenue.

2. En cas de transmission successorale à plusieurs héritiers, le droit réel reste indivisible entre les cohéritiers jusqu'à ce qu'un partage l'attribue à l'un d'entre eux ou bien divise matériellement la chose sur la qualité, ou qu'elle soit vendue afin que le prix soit partagé. Le droit personnel au contraire se divise instantanément entre les différents cohéritiers. Par exemple, sauf indivisibilité, une créance d'une somme d'argent se fractionne de plein droit entre les héritiers qui deviennent créanciers chacun pour une partie de la somme.

3. Le droit réel est susceptible d'abandon volontaire, **acte unilatéral**, qu'on appelle parfois d'un terme un peu désuet, le déguerpissement. Pour le droit personnel, l'abandon prend la forme d'un consentement mutuel entre le créancier et débiteur : la remise de dette, **qui est un acte conventionnel**.

4. **La différence essentielle est relative à l'opposabilité**. Le droit personnel ne peut être exécuté que sur l'ensemble du patrimoine du débiteur : le créancier ne peut exercer cette prérogative qu'à l'encontre de son débiteur. Au contraire, le droit réel est un rapport entre son titulaire et la chose : il est opposable à tous ; cette causalité confère aux droits réels deux prérogatives qui le rendent ~~très~~ supérieur au droit personnel : il s'agit du droit de suite et du droit de préférence. Le droit de suite permet à son titulaire de reprendre son droit, de revendiquer sa chose en quelques mains qu'elle se trouve. Le droit de préférence, attaché aux sûretés réelles, permet à son titulaire d'échapper à la loi du concours entre les divers créanciers lorsque la chose vendue après saisie, et que le créancier se paye sur le prix ; ce qui explique le droit réel ne court pas le risque de l'insolvabilité du débiteur

5. Lorsque le titulaire d'un droit réel qui était méconnu par un tiers, agit en justice pour obtenir la protection de son droit, le juge est obligé de prononcer **une sanction en nature**. Au contraire, l'atteinte à un droit personnel peut, au choix du juge, être sanctionnée **par l'exécution en nature ou par l'action en dommages et intérêts**. De l'opposabilité découle la publicité foncière. S'il s'agit d'un droit relatif à un immeuble, les actes de constitution ou de mutations relatives à ce droit doivent toujours en pratique être rédigés par acte authentique afin de pouvoir être publiés à la Conservation de la propriété et des droits fonciers.

Concernant la compétence judiciaire, **les actions réelles immobilières** doivent être portées devant la juridiction **du lieu de l'immeuble**. **Les actions personnelles** doivent être portées devant la juridiction du lieu où est domicilié le défendeur. Enfin **les actions mixtes** (demande qui porte sur une action réelle immobilière et sur une action personnelle : exemple demande de dommages et intérêts) peuvent être portées devant l'une de ces deux juridictions, au choix du demandeur.

2/ Liste des droits réels

Il est habituel de distinguer les droits réels principaux (ex : la propriété) qui porte directement sur la matérialité même de la chose et **les droits réels accessoires** (ex : l'hypothèque) qui ne porte que sur la valeur pécuniaire d'une chose déterminée.

Les droits réels principaux sont la propriété et ses démembrements

a/ Le droit de propriété

Le plus important et le plus complet des droits réels est le droit de propriété.

La Constitution du Sénégal du 22 Janvier 2001 reconnaît le Droit de propriété comme un droit constitutionnellement protégé (**article 15 de la Loi 2001-03 du 22 janvier 2001 portant Constitution du Sénégal**) et affirme son adhésion à la Déclaration des Droits de l'Homme et du Citoyen de 1789 et aux instruments internationaux.

Le préambule de la Constitution reconnaît l'application au Sénégal de la **Déclaration Universelle des Droits de l'Homme et du Citoyen de 1789, dont l'article 17 dispose :** *« la propriété étant un droit inviolable et sacré, nul ne peut en est privé, si ce n'est lorsque la nécessité publique, légalement constatée, l'exige évidemment, et sous la condition d'une juste et préalable indemnité ».*

Aussi bien au Sénégal que dans de nombreux pays, il existe une hiérarchie des normes juridiques si bien qu'une norme ne peut méconnaître toutes celles qui lui sont supérieures.

Au Sénégal, les Traités ou Accords Internationaux ont dès leur ratification une autorité supérieure à celles des lois.

Ainsi, la réglementation internationale est au sommet de la hiérarchie des normes du Sénégal, suivie de la Constitution, des Lois, des Ordonnances, des Décrets et des Arrêtés.

Les instruments internationaux

Le Sénégal a également ratifié divers instruments internationaux qui font du Droit de propriété un principe essentiel :

- La Déclaration Universelle des Droits de l'Homme de 1948
- la Charte Africaine des Droits de l'Homme
- la Convention d'Établissement du 29 mars 1974 signée avec la France
- Enfin, l'Accord sur la Promotion et la Protection réciproque des Investissements signé entre la France et le Sénégal le 26 juillet 2007 oblige les parties signataires à faire en sorte que les investissements des investisseurs **ne soient entravés ni en droit ni en fait** (article 6).

Cet accord a été publié par décret 2010-866 du 23 juillet 2010.

Le droit de propriété est également régi par les articles 544 et 545 du Code Civil français toujours applicables au Sénégal :

Article 544 du Code civil : *« La propriété est le droit de jouir et disposer des choses de la manière la plus absolue, pourvu qu'on n'en fasse pas un usage prohibé par les lois ou par les règlements. »*

Article 545 : « *Nul ne peut être contraint de céder sa propriété, si ce n'est pour cause d'utilité publique, et moyennant une juste et préalable indemnité.* »

b/ Les démembrements du droit de propriété

Les autres droits réels principaux sont les démembrements de la propriété : ils créent des droits sur la chose d'autrui ; mais ne confèrent qu'une partie des attributs attachés à la propriété.

1. **L'usufruit** (articles 578 à 624 du Code Civil) : il donne à son titulaire (**l'usufruitier**), la jouissance temporaire de la chose, à charge d'en conserver la substance qui appartient **au nu-propriétaire** ;

2. Il existe deux diminutifs de l'usufruit : **les droits d'usage et d'habitation** régis par les articles 625 à 636 du Code Civil lesquels sont des usufruits à effets réduits, très marqués par l'intuitu personae (qui veut dire en fonction de la personne).

Le droit d'usage permet un usage et une jouissance limitée à ce qui est nécessaire à son titulaire et à sa famille. Il confère un droit de même nature que l'usufruit, mais inférieur en étendue. Il est soumis à toutes les règles de l'usufruit : pour sa constitution, les obligations de l'usager et sa durée, qui prend fin avec le décès de l'usager. Il présente donc deux différences majeures avec l'usufruit : il ne peut ni être cédé, ni loué (art.631) sauf si le contrat ou la loi le permettent (art. 764) ; il ne peut non plus être saisi par un créancier.

Le droit d'habitation est un droit d'usage personnel et familial cantonné au logement (articles 631 à 636).

Le titulaire d'un droit d'usage ou d'habitation abuse de son droit s'il dégrade ou n'entretient pas les lieux ou en confère la jouissance à un tiers. Cet abus a pour conséquence la déchéance de son droit, bien que les tribunaux, plus encore que pour l'usufruit, ne la prononcent que si les manquements sont importants, en raison du caractère vital du droit.

3. **L'emphytéose ou bail emphytéotique** est un droit de jouissance de longue durée (entre 18 et 50 ans au Sénégal) aux termes duquel le

preneur (l'emphytéote), moyennant un loyer modique, s'engage à faire des travaux importants sur le fonds.

De ce contrat doit être rapproché le **bail à construction**, conclu pour la même durée, aux termes duquel le preneur s'engage à édifier et entretenir en bon état des constructions sur le terrain du bailleur ou encore **le bail à réhabilitation** qui impose au preneur de faire des travaux d'amélioration et de conserver l'immeuble en bon état pendant la durée de bail.

Bien que le preneur ne soit pas propriétaire de l'immeuble, il est titulaire d'un droit réel, qui peut hypothéquer ou céder (voir articles L 113 à L 118 et L 119 à L 121 de la loi 2009-23 de 8 juillet 2009 portant partie législative du Code de la Construction au Sénégal et R 168 du décret 2010-99 du 27 janvier 2010 portant partie réglementaire du même Code).

4. **Le droit de superficie** confère une propriété sur les plantations et les constructions et non sur le sol (articles 551 à 554 du code Civil), l'article 555 du code Civil ayant été supprimé avec la loi du 30 mars 2011.

5. **Les servitudes** : les servitudes imposent à un fonds, dit fonds servant, une charge pour l'exploitation ou l'utilisation d'un autre fonds, dit fonds dominant.

Par exemple, la servitude de passage sur un fonds permet l'accès à un fonds voisin (pour aller plus loin, voir les articles 637 à 696 du code civil).

- **Les droits réels accessoires : les privilèges et les hypothèques**

Les droits réels accessoires sont les accessoires d'une créance ; ils lui sont adjoints pour en renforcer l'efficacité. C'est en ce sens qu'ils sont des droits réels de garantie : des sûretés réelles. Ils confèrent au créancier le droit de se payer sur le bien grevé de la sûreté par préférence aux autres créanciers, que ce soit en cas de vente à l'initiative du débiteur ou en cas de vente forcée (saisie).

Pour aller plus loin, voir l'acte uniforme du 17 avril 1997 portant organisation des sûretés (JO OHADA du 1er juillet 1998).

C/ LES RESTRICTIONS À L'EXERCICE DU DROIT DE PROPRIÉTÉ

1/ Les obligations des propriétaires

Elles sont de multiples natures :

a/ Le bornage

L'article 646 du Code civil français dispose que tout propriétaire peut obliger son voisin au bornage de leurs propriétés contiguës. Ces opérations d'arpentage sont effectuées à frais communs.

b/ Les clôtures

Dans les villes, les faubourgs, chacun peut contraindre son voisin à contribuer à l'édification ou à la réparation de la clôture faisant une séparation de leur maison, cours et jardins. Le mur est alors mitoyen.

c/ Autres obligations

Celles-ci résultent de divers textes spéciaux

1. Abstentions imposées aux propriétaires concernant les actes matériels : **restrictions d'intérêt public** :

Certaines cultures et fabrications font l'objet d'un monopole de l'État : tabac, allumettes.

2. **Restrictions relatives aux eaux** : il est interdit au propriétaire qui a une source dans son fonds de priver de l'usage de cette eau les habitants d'une commune.

3. Restrictions relatives à l'exercice des droits du propriétaire

Actes abusifs : les tribunaux estiment en effet qu'un propriétaire ne doit pas abuser de ses droits : il s'agit des actes accomplis non pour leur utilité mais pour nuire à autrui.

Actes excessifs : dans ce cas, il s'agit des actes dont l'utilité pour le propriétaire n'est pas contestée mais qui constitue une gêne pour le voisinage.

4. Concernant les actes juridiques

Inaliénabilité : Ces restrictions ont généralement une origine conventionnelle : par exemple, une personne acquiert à titre de don ou legs la propriété d'un bien. Si l'acte de donation ou le testament contient une clause d'inaliénabilité, cette personne est dépouillée de l'un des attributs du droit de propriété : le droit de disposer de ce bien.

Pour être valable, une clause d'inaliénabilité doit remplir deux conditions :

– être temporaire,

– être justifiée par un intérêt sérieux et légitime.

En outre, même lorsque la clause est valable, le donataire ou le légataire peut être autorisé par justice à disposer du bien si l'intérêt justifiant la clause a disparu ou si un intérêt plus important l'exige.

2/ Les limitations du droit de construire

a/ Interdiction totale ou partielle

Les servitudes légales :

Ces servitudes peuvent être réciproques, c'est-à-dire au profit de deux fonds voisins :

– Les constructions peuvent en principe, être élevées à l'extrême limite du fond du voisin. Pour certaines constructions (puits, fosses d'aisance) les règlements administratifs peuvent imposer de respecter des distances ou d'élever des ouvrages protégeant de la vue.

– Les plantations, sauf pour les cultures en espalier, doivent être faites à une certaine distance du fonds voisin.

Le nombre de ces limitations est en constante augmentation. Nous retiendrons trois domaines caractéristiques d'intervention de l'État : l'urbanisme, le secteur agricole, la qualité de vie.

b/ Urbanisme et droit propriété

Afin d'éviter l'implantation anarchique des constructions et de faciliter le développement de logements sociaux, l'État a pris un certain nombre de mesures qui constituent autant de limitations à la propriété privée des sols.

Le plan d'occupation des sols établi dans chaque commune règle à l'intérieur de celle-ci l'utilisation des surfaces constructibles et peut comporter notamment une interdiction de construire.

Les plans d'urbanisme prévoient l'exécution d'opérations d'ensemble, soit par extension des villes, soit par rénovation de certains quartiers urbains.

L'autorisation de construire délivrée par l'administration est nécessaire pour entreprendre toute construction neuve ou même toute modification d'une construction existante.

Pour aller plus loin, voir ci-dessous la partie de l'ouvrage consacrée à la loi n° 2008-43 du 20 août 2008 portant Code de l'Urbanisme, qui abroge la loi 88-05 du 20 juin 1988, complétée par son décret d'application et le code de la Construction avec la loi n° 2009-23 du 8 juillet 2009 et son décret d'application.

c/ Structures agricoles et droit propriété

L'État intervient pour adapter la répartition des terres aux besoins d'une exploitation rationnelle. Le remembrement rural a pour but d'éviter le morcellement excessif des propriétés rurales. Il tend à constituer des exploitations agricoles d'un seul tenant ou à grandes parcelles permettant l'utilisation de la motoculture.

En cas de vente d'un fonds à vocation agricole, le législateur a reconnu un droit de préemption au profit du dernier fermier exploitant. Le vendeur ne peut choisir librement ni le prix de vente de son bien, ni son acquéreur. Si le bénéficiaire du droit de préemption estime le prix offert trop élevé, il peut demander que celui-ci soit fixé par le tribunal. Ce n'est qu'au cas où le bénéficiaire du droit de préemption refuserait de traiter au prix judiciairement fixé que le vendeur pourrait choisir un autre acquéreur.

d/ Environnement et droit propriété

Afin de protéger la qualité de la vie, le législateur a pris, au cours des dernières années, des dispositions portant atteinte au libre exercice du droit de propriété. Ces mesures ont surtout pour but de sauvegarder la nature et l'environnement. On peut notamment citer la loi 2004-16 du 4 juin 2004 portant loi d'orientation agro-sylvo-pastorale.

3/ Le droit de préemption

Définition : La préemption est un mode d'acquisition d'immeubles ayant pour objet de substituer l'État ou le titulaire du droit de préemption à l'acquéreur privé éventuel en cas d'aliénation volontaire.

Le droit de préemption est exercé conformément aux dispositions de la loi 76-66 portant Code du Domaine de l'État et dans les conditions prévues à l'art. 46 de la loi n° 2008-43 du 20 août 2008 portant Code de l'Urbanisme (partie législative).

Domaine et cas dans lesquels le droit de préemption peut être mis en œuvre : Peuvent faire l'objet d'un droit de préemption, **tout immeuble ou droit réels immobiliers, ou tous ensembles bâtis ou non bâtis nécessaires** à la réalisation de certaines opérations d'aménagement et d'urbanisme prévues par les plans d'urbanisme, lorsqu'ils sont en voie d'être aliénés à titre onéreux.

Le droit de préemption peut également être exercé en cas d'adjudication publique.

Le droit de préemption destiné notamment à permettre la mise en œuvre d'une politique d'urbanisme et d'habitat peut être exercé pour les opérations suivantes :

- réalisation de logements sociaux ou d'équipements collectifs ;
- restauration de bâtiments, rénovation urbaine ou restructuration, création d'espaces verts ;
- constitution de réserves foncières ;
- sauvegarde des sites et monuments historiques classés.

Obligations de déclaration du projet de vente par le propriétaire vendeur : Dans les zones faisant l'objet d'opérations visées à l'article 47 de la loi n° 2008-43 du 20 août 2008 portant Code de l'Urbanisme (partie législative), toute aliénation volontaire à titre onéreux, **sous quelque forme que ce soit**, d'immeuble ou de droits réels immobiliers ou d'un ensemble d'immeubles, **est subordonnée sous peine de nullité, à une déclaration préalable faite par le propriétaire au service des Domaines.** Cette déclaration comporte obligatoirement l'indication du prix et les conditions de l'aliénation projetée.

Lorsque la contrepartie de l'aliénation fait l'objet d'un paiement en nature, la déclaration doit mentionner le prix estimé de l'immeuble ou du droit offert en contrepartie de l'immeuble objet de la déclaration.

Dans un délai d'un mois à compter de la déclaration, l'État doit notifier au propriétaire sa décision d'exercer son droit de préemption. Le défaut de notification au-delà de ce délai, vaut renonciation.

Le droit de préemption, prévu ci-dessus, s'exerce au prix du marché. Si le titulaire du droit de préemption estime que le prix de la transaction est exagéré, le prix d'acquisition est, à sa demande, fixé comme en matière d'expropriation pour cause d'utilité publique.

Possibilité de rétractation : À défaut d'accord sur le prix, tout propriétaire d'un bien soumis au droit de préemption, qui manifeste l'intention d'aliéner ledit bien, peut ultérieurement retirer son offre. De même, le titulaire du droit de préemption peut renoncer, en cours de procédure, à l'exercice de son droit.

Les droits ainsi reconnus tant au propriétaire intéressé qu'au titulaire du droit de préemption expirent simultanément et au plus tard deux mois après la notification à l'une ou l'autre partie de la décision juridictionnelle devenue définitive.

Le titulaire du droit de préemption, qui a renoncé à l'exercer sur un immeuble dont le prix a été fixé par la juridiction de l'expropriation, ne peut plus l'exercer à l'égard d'un même propriétaire et pour le même immeuble, pendant un délai de cinq ans, à compter de la décision juridictionnelle devenue définitive. »

Lorsque le titulaire du droit de préemption lui a notifié sa décision d'exercer ce droit, le propriétaire est tenu d'informer les locataires, les preneurs ou les occupants réguliers de l'immeuble et de les faire connaître au titulaire du droit de préemption.

Conséquences de l'absence de réalisation du projet par l'État et procédure : Si dans un délai de cinq ans, à compter du transfert de propriété, l'immeuble qui fait l'objet de l'exercice du droit de préemption n'a pas été utilisé à l'une des fins prévues par l'article 48 de la loi n° 2008-43 du 20 août 2008 portant Code de l'Urbanisme, l'ancien propriétaire ou ses ayants cause peuvent demander qu'il leur soit rétrocédé.

À défaut d'accord amiable, le prix du bien rétrocédé sera fixé par la juridiction compétente en matière d'expropriation, sans pouvoir excéder le montant du prix de préemption, révisé éventuellement entre les deux mutations.

Le demandeur pourra renoncer à l'exercice de son droit avant l'expiration d'un délai de deux mois courant à compter de la notification de la décision juridictionnelle fixant définitivement le prix.

Le droit de rétrocession s'exerce dans les conditions et délais prévus en matière de rétrocession d'immeubles expropriés pour cause d'utilité publique.

4/ Expropriation pour cause d'utilité publique et perte de la propriété

S'il est possible d'être propriétaire d'un bien foncier ou immobilier, on peut aussi en perdre la propriété. Outre l'hypothèse classique de la disposition ou du transfert du droit de propriété par voie contractuelle, le titulaire peut aussi en être privé dans le cadre de l'expropriation pour cause d'utilité publique. Celle-ci est organisée par **la loi n° 76-67 du 2 juillet 1976** relative à l'expropriation pour cause d'utilité publique et aux autres opérations foncières d'utilité publique.

L'expropriation peut notamment être mise en œuvre dans le cadre d'une opération d'aménagement d'une nouvelle zone (ce fut le cas pour la construction de l'autoroute qui part de Dakar jusqu'au futur aéroport

Blaise Diagne) ou dans le cadre d'une opération de rénovation urbaine (articles 26 à 28 de la loi n° 2008-43 du 20 août 2008 portant Code de l'Urbanisme – partie législative)

Selon l'article 1er de cette loi, *« l'expropriation pour cause d'utilité publique est la procédure par laquelle l'État peut, dans un but d'utilité publique et sous réserve d'une juste et préalable indemnité, contraindre toute personne à lui céder la propriété d'un immeuble ou un droit réel immobilier. L'expropriation ne peut être prononcée qu'autant que l'utilité publique a été déclarée et qu'ont été accomplies les formalités présentes par le chapitre II du présent titre.* »

La procédure de l'utilité publique est ainsi basée sur un but public avéré déclaré, une juste et préalable indemnité, et des formalités rigoureuses, notamment une Enquête Publique.

Le décret n° 77-563 du 3 Juillet 1977 porte application de la loi n° 76-67. Il définit les conditions d'application des dispositions de la loi relative à l'expropriation pour cause d'utilité publique, la composition des commissions de conciliation et d'évaluation des sols chargée de proposer les valeurs au mètre carré à assigner aux terrains immatriculés ; la saisine du juge des expropriations, etc.

II. LES LOIS SPÉCIALES CONCERNANT LA PROPRIÉTÉ DES PARTICULIERS

A/ BIENS CONCERNÉS ET CONDITIONS PRÉALABLES

Pour que les biens du domaine privé affecté de l'État et des collectivités soient appropriables, il faut d'abord qu'ils soient désaffectés.

Le cas le plus répandu concerne la transformation de titres d'occupation en vente de biens fonciers faisant partie du **domaine privé non affecté de l'État et des collectivités locales.** La vente – et donc l'acquisition par transfert de propriété – de terrains du domaine privé non affecté est **donc possible mais obéit à des conditions particulières définies par les articles 41 et 42 de la loi de 1976.**

La **première condition préalable** demandée aux attributaires ou occupants est la détention des titres d'occupation visés par les articles 37 à 40 de la loi de 1976 (autorisations d'occuper, bail ordinaire, bail emphytéotique ou concession de droit de superficie), avec mise en valeur du terrain concerné.

La deuxième condition préalable, et même si elle est faite de gré à gré ou par voie d'adjudication, est que « *la vente soit autorisée par la loi* » sauf dérogation.

Les lois qui ont autorisé ce type d'opérations sont :

– La loi n° 87-11 du 24 février 1987 portant vente des terrains domaniaux en zone urbaine, visant à permettre la transformation des titres provisoires en titre de propriété moyennant certaines conditions dont surtout un délai de cinq, la mise en valeur ; etc. .Cette Loi a concerné des terrains des quartiers de la Médina, de Grand Dakar à Dakar et différents lotissements de Pikine-Guédiawaye, etc.

C'est également en vertu de cette loi que l'État du Sénégal a vendu les terrains construits aux titulaires de baux SAPCO qui le souhaitaient, sous réserve d'être à jour des loyers, suite à la résiliation du bail consenti par l'État à la SAPCO par arrêté n° 007850 du 2 octobre 2012.

Les conditions particulières de la vente ont été fixées **par décret n° 88-826 du 14 juin 1988.**

– La loi n° 94-64 du 22 août 1994 autorisant la vente des terrains domaniaux à usage industriel et commercial). Tout comme la loi 87-11, cette loi met aussi en application les articles 41 et 42 de la loi 76-66 portant Code du Domaine de l'État. Son texte d'application est le décret n° 95-737 du 31 juillet 1995 portant application de la loi autorisant la vente de terrains domaniaux à usage industriel ou commercial.

– La loi n° 95-12 du 7 avril 1995 autorisant la vente du domaine privé immobilier bâti de l'État à usage d'hôtels ou réceptifs touristiques et des dépendances,

– Enfin, la loi n° 2011-06 du 30 mars 2011 portant transformation des permis d'habiter et titres similaires en titres fonciers et son décret d'application n° 2012-1270 du 8 novembre 2012

B/ PROCÉDURE

La demande de cession est adressée au Receveur des Domaines territorialement compétent. Elle doit être accompagnée du titre administratif.

Lorsque la personne est décédée, les héritiers doivent en plus fournir un jugement d'hérédité et une attestation de paiement ou de non exigibilité des droits de mutation par décès, délivrée par le Receveur de l'Enregistrement. C'est au Receveur de transmettre la demande au Directeur des Domaines, accompagnée de ses observations et avis.

La demande est ensuite soumise **à l'avis de Commission de contrôle des opérations domaniales (CCOD)**, instituée par Décret n° 81-557 du 21 Mai 1981 portant application du Code du Domaine de l'État. Si l'avis est favorable, l'acte de cession est enfin établi par le Receveur des Domaines. A titre d'exemple, la CCOD a émis un avis favorable pour la vente des terrains de SALY par avis du 6 février 2013.

Récapitulatif de la gestion domaniale et foncière au Sénégal

Nature Domaniale	**Contenu**	**Caractères juridiques**	**Instruments de gestion**	**Auteur(s) concerné(s)**
Domaine public de l'État et des collectivités	Domaine public naturel et domaine public artificiel, immatriculé ou non selon le cas	Inaliénabilité Insaisissabilité Imprescriptibilité	Concessions et autorisations provisoires d'occuper	État et/ou collectivités locales (département, commune, ville)
Domaine privé de l'État	– Terrains appartenant à l'État, immatriculés ou non au nom de celui-ci	– Droit de propriété selon les règles du Code civil et de l'immatriculation – Pouvoir d'affectation	– Cessions, locations, donations, etc. – Affectations	Administration des domaines, Conservation foncière et Cadastre
Domaine privé des collectivités	Terrains immatriculés au nom de celles-ci	Droit de propriété selon les règles du Code civil et de l'immatriculation	– Cessions, locations, donations, etc.	Conservation foncière, Cadastre
Domaine national	Tous les terrains non classés dans le domaine public non immatriculés ou en cours d'immatriculation, ni ceux dont la propriété a été transcrite (1)	– <u>Zones urbaines</u> (terrains situés sur le territoire des communes) – <u>Zones classées</u> (forestières ou protégées) – <u>Zones de terroirs</u> (terrains exploités	– Attribution, après intégration au domaine privé de l'État, par concession de droit de superficie (zones résidentielles) baux emphytéotiques autorisation d'occuper là où pas de plan d'urbanisme de détail	L'État détient ces terres et en fait assurer la gestion par les services compétents en fonction de la nature des terrains

		régulièrement pour habitat, culture, élevage) – <u>Zones pionnières</u> (celles qui ne relèvent pas des catégories précédentes) et qui constituent des réserves	– Soumission à des régimes particuliers en fonction de leur nature – Affectation des terrains aux exploitants reconnus par les communautés rurales devenues communes – Réserves qui peuvent être affectées ou concédées par l'État à des communes ou à des opérateurs désignés	
Propriété privée	Terrains immatriculés au nom d'une personne privée	Droit de propriété selon les règles du Code civil et de l'immatriculation	– Cessions, locations, donations, etc.	Conservation foncière, Cadastre
Domaine coutumier	Supprimé par la loi sur le Domaine national			

Source : Alain ROCHEGUDE et Caroline PLANCON, « Décentralisation, foncier et acteurs locaux – Fiche pays Sénégal » (étude réalisée en 2009), p. 6, accessible via <http://www.foncier-developpement.fr/wp-content/uploads/fiche-pays-senegal.pdf>).

LIVRE 2

L'ACQUISITION D'UN BIEN IMMOBILIER OU D'UN DROIT RÉEL ENTRE LES PERSONNES DE DROIT PRIVÉ

Avant d'acheter un bien immobilier, certaines vérifications s'imposent afin de s'assurer que le vendeur possède le titre foncier du bien qu'il envisage de céder et s'il existe sur ce bien des privilèges, servitudes ou hypothèques. Afin d'obtenir les informations ci-dessus, il convient de se rapprocher de la Conservation foncière ou d'un Notaire territorialement compétent pour se procurer un état des droits réels. (Voir coordonnées de la Chambre des notaires du SÉNÉGAL page 94)

Dès lors que les parties se sont entendues sur les termes de la vente, elles peuvent – mais ce n'est pas obligatoire – signer une promesse synallagmatique engageant l'une des parties à vendre et l'autre à acheter suivant les conditions définies dans ladite promesse.

L'acquisition d'un bien en pleine propriété (terrain à bâtir ou logement, achat d'un terrain avec construction dans le cadre d'un programme) ou d'un droit réel portant sur un bien immobilier (cession d'un droit au bail emphytéotique portant sur une parcelle de terrain par exemple) est soumise à des règles de forme et de fond, qu'il est obligatoire de respecter à peine de nullité de la convention.

L'acte authentique établi par un notaire territorialement compétent est obligatoire pour tous les actes soumis à publicité foncière, à savoir les actes déclaratifs, constitutifs, translatifs ou extinctifs de droits réels (Article 536 du Code Général des Impôts sénégalais), **y compris la promesse synallagmatique à peine de nullité absolue** (article 383 COCC).

COORDONNÉES DE LA CHAMBRE DES NOTAIRES ET DE L'ORDRE DES AVOCATS DU SÉNÉGAL

En 2014, on dénombre 49 Études de Notaires réparties sur l'ensemble du territoire (Dakar, Saint-Louis, Thiès, Saly Portudal, Louga, Ziguinchor, Tambacounda et Kolda)

La grande majorité des Études ainsi que le siège de la Chambre des Notaires du SÉNÉGAL se trouvent à DAKAR.

Pour plus d'informations ou pour obtenir les coordonnées d'un notaire, il convient de s'adresser à :

Chambre des Notaires du SÉNÉGAL

Secrétariat Permanent, 15 rue Jules Ferry – 4 Impasse Margueritte Trichot,

BP 14357 DAKAR.

Téléphone : (221) 33 823 40 02

Fax : (221) 33 823 40 01

Cellulaire (221) 77 639 46 71

Email : cdns@orange.sn

Site Web : www.notaires.sn

L'Ordre des Avocats du SÉNÉGAL pourra également vous donner des conseils précieux :

Ordre des Avocats du SÉNÉGAL,
Maison de l'Avocat,

19 Boulevard de la République,
DAKAR, BP 9025, Dakar-Peytavin

Téléphone : (221) 33 821 48 41

Fax : (221) 33 842 30 64

Email : oavocats@orange.sn

Site Web : www.odavsn.com

PREMIÈRE PARTIE

L'IMMATRICULATION OBLIGATOIRE DES DROITS RÉELS

Les contrats relatifs aux droits réels portant sur des immeubles immatriculés sont régis **par la loi n° 66-70 du 13 juillet 1966** relative aux contrats spéciaux : la vente et les autres contrats translatifs de propriété (insérée aux articles 379 et 391 du Code des Obligations Civiles et Commerciales) ; **et par la loi n° 2013-04 du 8 juillet 2013.**

Sont concernés les biens suivants, en application de l'article 19 de la Loi de mars 2011 sur la propriété foncière :

« – *Sont notamment susceptibles d'inscription aux livres fonciers :*

a) Les droits réels immobiliers suivants :

1) la propriété des biens immeubles ;

2) l'usufruit des mêmes biens ;

3) les droits d'usage et d'habitation ;

4) l'emphytéose ;

5) le droit de superficie ;

6) les servitudes et services fonciers ;

7) les privilèges et hypothèques.

b) Les actions qui tendent à revendiquer ces droits réels. L'Art. 26 précise sur ce point que doivent être publiées à la Conservation foncière « *Les actions tendant à la revendication d'immeubles, basées sur l'une des causes ci-après :*

– rapport en nature des biens donnés,

– réduction des donations pour atteinte à la réserve,

– droit de retour des biens donnés en cas de prédécès du donataire seul ou du donataire et de ses descendants,

– révocation d'une donation pour inexécution des conditions ou survenance d'enfants,

– résolution d'un contrat synallagmatique pour inexécution des conditions,

– exécution du pacte de réméré, ne peuvent être exercées qu'autant que ces droits auront été réservés expressément aux contrats d'aliénation et ne produisent effet, à l'égard des tiers, qu'à dater du jour où ces réserves ont été rendues publiques dans les formes fixées par la présente loi ».

L'article 21 de la loi de 2011 prévoit une exception à l'obligation de publication : « *Sont dispensées de la publicité,* ***les servitudes dérivant de la situation naturelle des lieux*** *ou des obligations imposées par la loi à l'exception cependant de la servitude de passage pour cause d'enclave dont l'assiette doit être exactement déterminée, soit au moment de l'immatriculation du fonds grevé, soit lors de la création de la servitude si celle-ci est postérieure à l'immatriculation ».*

L'article 380 du COCC dispose : « *A peine de nullité absolue du contrat, l'immatriculation de tout immeuble est obligatoire pour la validité des conventions* ***constituant ou transférant*** *un des droits de protégés par le régime de l'immatriculation foncière » c'est à dire un droit réel.*

L'absence d'immatriculation a pour conséquence l'invalidité des conventions constituant ou transférant les droits protégés par le régime de l'immatriculation foncière.

DEUXIÈME PARTIE

L'ACQUISITION D'UN BIEN IMMOBILIER OU D'UN DROIT RÉEL

SECTION 1 CONSEILS PRATIQUES

Dans un contexte de marché inorganisé dans un pays dont la législation vous est peut-être inconnue, il est vivement recommandé de s'adresser à des professionnels et aux administrations compétentes avant de vous engager.

Il est notamment conseillé de faire appel aux services d'un notaire (voir Section 2) et/ou d'une agence immobilière pour éviter certaines pratiques courantes, qui sont à l'origine de nombreux litiges à savoir :

- l'achat de parcelle sans justification de titre de la part du vendeur
- le recours à un acte sous seing privé (c'est-à-dire un acte passé uniquement entre le vendeur et l'acquéreur, sans l'intervention d'un notaire), pour la signature d'une promesse synallagmatique ou l'acquisition d'un titre foncier ou d'un droit réel, alors que c'est obligatoire à peine de nullité (art.383 COCC)
- l'achat d'une parcelle de terrain dépendant d'une succession ou d'un régime matrimonial en cas de divorce, non liquidés
- l'acquisition d'une parcelle grevée de charges (hypothèque, saisie…)
- l'achat d'une parcelle dans un lotissement irrégulier ou dépendant d'un terrain non morcelé régulièrement
- l'achat d'un terrain par l'intermédiaire d'un mandataire sans procuration valable,

I. LES AGENCES IMMOBILIÈRES

Le secteur de l'immobilier connaît actuellement une dérive vers l'informel, où agissent des intermédiaires, démarcheurs et autres courtiers dont certains ne présentent pas toujours les garanties requises de compétence, de sérieux et d'honnêteté.

En conséquence, si vous achetez un bien, il faut surtout éviter la précipitation et s'assurer que l'intermédiaire dispose d'un mandat signé par le ou les propriétaires (s'il s'agit d'une indivision), par le représentant légal de la personne morale (si le bien est détenu par une société).

Il conviendra d'être très vigilent et de demander une copie du titre de propriété et du certificat d'inscription à la Conservation Foncière afin de vérifier s'il s'agit de la vente d'un bien immobilier en pleine propriété (terrain nu ou terrain construit) ou d'un autre droit réel (cession de droit au bail emphytéotique dans l'hypothèse d'un terrain nu ou cession de droit au bail emphytéotique et des constructions ou impenses si des constructions ont été édifiées, cette liste n'étant pas exhaustive.

Il y a lieu de vérifier également si le logement construit a un certificat d'habitabilité (conformité à l'autorisation de construire délivrée).

Toutes ces dispositions participent de la sécurité des transactions immobilières.

Il y a lieu d'être prudent et de s'adresser à une agence immobilière ayant pignon sur rue pour qu'elle effectue pour votre compte toutes ces vérifications.

Il en existe de nombreuses principalement à Dakar, Saint Louis et Saly Portudal. Elles sont régies par la loi N° 82.07 du 30 juin 1982 et son décret d'application n° 83-423 du 21 avril 1983, relatifs « *aux activités de transaction et de gestion immobilière,* ». Elles doivent être régulièrement inscrites au Greffe du Tribunal de Commerce et être titulaire d'une garantie financière et d'une carte professionnelle à jour valant autorisation d'exercer les activités de transaction et de gestion immobilière ». Cette carte est délivrée par la Direction du Commerce et des prix qui dépend du Ministère du Commerce.

II. LES SERVICES DE L'URBANISME

On peut leur demander un certificat d'urbanisme, qui renseigne sur la destination et les servitudes à respecter, et la régularité du lotissement dans lequel se trouve la parcelle.

III. LES SERVICES DU CADASTRE

Il s'agit de s'informer auprès d'eux sur la situation foncière et domaniale du terrain, et sur la consistance réelle (superficie et forme) de la parcelle. Les informations fournies par ces services sont très importantes, compte tenu de l'existence au Sénégal de terrains qui relèvent de natures juridiques différentes.

Il est rappelé qu'il existe au Sénégal :

- des terrains inaliénables et imprescriptibles, donc hors de toute transaction commerciale, qui relèvent du Domaine National ou du domaine public de l'État ; en conséquence, il faut éviter d'acheter un terrain non immatriculé (TNI), ce qui est interdit (Art. 380 du COCC) ou une dépendance du domaine public.
- des terrains immatriculés, c'est-à-dire ayant fait l'objet d'un titre foncier, donc bénéficiant de garanties tangibles et d'une grande protection à travers la Constitution, les lois et règlements, et qui sont susceptibles de transactions et de constitution de droits réels (droit de propriété, emphytéose, droit de superficie, usufruit, etc.)

IV. Le receveur des Domaines

Il pourra fournir des renseignements sur la nature du titre de propriété du vendeur : titre foncier, bail ordinaire, bail emphytéotique, droit de superficie, permis d'habiter, autorisation d'occuper, etc., et de sa réalité.

V. Le géomètre-expert

Il pourra mesurer la parcelle à acquérir et établir un plan qui pourra être annexé à votre demande de réquisition d'immatriculation.

VI. La Conservation de la Propriété Foncière et des Droits Fonciers

Il s'agit du service territorialement compétent, compte tenu de la situation de la parcelle de terrain. On pourra s'enquérir de la situation juridique, de la nature du droit, des charges et droits réels inscrits au livre foncier. Il convient toujours de demander un état des charges et droits réels grevant le terrain en question.

Ce service à l'obligation de communiquer au public, moyennant paiement des droits de recherche et de copie, sur réquisition, tous les renseignements relatifs aux propriétés immobilières et qui sont contenus dans ses archives.

Il suffit pour cela, de présenter au conservateur, une réquisition rédigée en double exemplaires. Suivant les cas, cette réquisition peut demander la délivrance :

• d'un certificat de concordance, d'un titre foncier et de la copie dudit titre

• d'un certificat de concordance, entre un certificat d'inscription avec les énonciations du titre foncier

• d'un certificat établissant l'état des droits réels appartenant à une personne déterminée

• d'un certificat établissant l'état des charges et des droits réels grevant un immeuble déterminé

Pour aller plus loin sur les honoraires et frais d'enregistrement, voir la partie de l'ouvrage consacrée à la fiscalité.

VII. LE NOTAIRE ET L'AVOCAT

Il existe de nombreuses études de Notaires et de nombreux avocats spécialisés réparties sur l'ensemble du territoire (voir page 94).

SECTION 2 : DISPOSITIONS COMMUNES À TOUTES LES VENTES PORTANT SUR UN BIEN IMMATRICULÉ

I. DISTINCTION ENTRE PROMESSE SYNALLAGMATIQUE DE VENTE ET LES AUTRES CONTRATS

L'acquisition d'un bien immobilier en pleine propriété ou d'un droit réel peut (**et non doit**) être précédée d'une promesse synallagmatique de vente, conformément à l'article 382 du COCC qui dispose :

« L'acte par lequel les parties s'engagent, l'une à céder, l'autre à acquérir un droit sur l'immeuble, est une promesse synallagmatique de contrat.

Elle oblige l'une et l'autre partie à parfaire le contrat en faisant procéder à l'inscription du transfert du droit à la Conservation de la propriété foncière. »

Il ne s'agit pas d'une obligation mais la signature d'une promesse est toutefois conseillée, notamment si des conditions suspensives ont été prévues (obtention d'un financement ou d'une autorisation de construire dans un certain délai par exemple).

Ces promesses également appelées « compromis » ne doivent être confondues avec :

• **Le contrat préliminaire**, signé dans le cadre de la vente d'immeuble à construire (Voir articles L134 et R.191 et suivants du Code de la construction sénégalais)

• **La pollicitation**, simple offre de vendre ou d'acquérir que l'offrant peut rétracter jusqu'à ce qu'elle soit acceptée en tant que promesse par celui auquel elle est adressée.

• **La promesse unilatérale,** qui permet à son bénéficiaire d'étudier l'opération sans contracter d'obligation d'achat mais à charge la plupart du temps d'indemniser le promettant pour l'immobilisation de son bien pendant la durée de la validité de la promesse, dans le cas où il déciderait de ne pas lever l'option pour des raisons de pure convenance personnelle.

À l'inverse la promesse synallagmatique permet de lier définitivement des parties qui se sont mises d'accord sur la chose et sur le prix mais qui ne peuvent conclure définitivement le contrat de vente, par suite de l'existence d'une ou plusieurs conditions suspensives dont la réalisation préalable conditionne la formation du contrat (exemple : obtention d'un financement par l'acquéreur ou d'une autorisation administrative par le vendeur) ou simplement parce que les formalités préalables à l'établissement d'un acte authentique ne sont pas encore accomplies.

La promesse prévoit contractuellement le délai pour la réalisation de la condition suspensive.

La promesse devient caduque à défaut de la réalisation de la condition suspensive dans le délai contractuel, sauf si ce défaut de réalisation a pour origine la faute, la négligence ou la passivité de la personne en charge de la réalisation de cette obligation. Exemples : défaut de diligence de l'acquéreur pour l'obtention de son financement ou absence de dépôt d'un dossier de demande de prêt conforme aux stipulations contractuelles en ce qui concerne la durée, le montant et le taux d'intérêt.

Dans ce cas, l'indemnité d'immobilisation reste acquise au promettant, sauf contestation par le bénéficiaire, obligeant les parties à saisir la juridiction compétente pour les départager.

II. L'OBLIGATION DE SIGNER UN ACTE NOTARIÉ EN CAS DE PROMESSE SYNALLAGMATIQUE ET POUR L'ACQUISITION

L'acquisition du droit réel résulte, selon l'article **381 du COCC,** de la mention au titre foncier du nom du nouveau titulaire du droit. La loi 2011-07 s'énonce aussi dans ce sens. Celui-acquiert de ce fait sur l'immeuble un droit définitif et inattaquable dont l'étendue est déterminée juridiquement et matériellement par les énonciations du titre foncier. **(Article 388)**

L'inscription du transfert du droit doit être faite à la Conservation de la propriété foncière.

Dans les conditions de fond de validité, la **promesse synallagmatique** doit, à peine de nullité absolue, être passée devant un notaire territorialement compétent. **(article 383 du COCC)** L'étendue du droit immobilier objet du contrat est fixée par le titre foncier. (**Article 384)**

Le prix de la transaction doit aussi être fixé dans le contrat. (**Article 385)**

Il pèse sur le vendeur une obligation spéciale de mise à la disposition de l'acquéreur de la copie du titre foncier (s'il s'agit d'un bien immobilier) ou du certificat d'inscription (mentionnant la cession de l'usufruit, du bail emphytéotique ou du droit de superficie) afin que soit opérée la mutation du droit (**article 386**). Dans certains contrats portant sur les immeubles immatriculés, la publicité est obligatoire. Il s'agit notamment, selon les termes de **l'article 390** de la loi 66-70, du bail assorti d'une promesse de vente ; la publicité visant alors à le rendre opposable aux tiers.

Il convient enfin de relever que la **loi n° 2013-04 du 8 juillet 2013** institue un régime de **déclaration préalable au Ministère de l'Économie et des Finances** aux transactions portant sur un immeuble ou un droit réel immobilier, **en remplacement de l'autorisation préalable précédemment exigée par la loi 77-85 du 10 août 1977** pour certaines transactions immobilières.

Selon l'article 2 de la loi 2013-08, sont soumises à autorisation préalable : la cession à titre onéreux ou gratuit ; l'échange avec ou sans soulte ; le partage et l'apport en société. Ces opérations sont limitativement énumérées.

La déclaration préalable est déposée auprès de La Direction de l'Enregistrement, des domaines et du Timbre avant dépôt de l'acte constatant la transaction.

LIVRE 3

LES RÈGLES ESSENTIELLES DU DROIT DE L'URBANISME ET DE LA CONSTRUCTION

L'urbanisme, et notamment les règles générales applicables à l'utilisation et à l'occupation des sols sont définies par **la loi n° 2008-43 du 20 août 2008 portant Code de l'urbanisme (partie législative) modifiée (seulement en son article 68) par la loi 2009-26 du 8 juillet 2009, et son Décret d'application n° 2009-1450 du 30 décembre 2009 (partie réglementaire).**

L'exposé des motifs de la loi précise que celle-ci a pour objectif, entre autres, d'harmoniser certaines dispositions de la loi n° 96-07 du 22 mars 1996 portant transfert de compétences de l'État aux régions, communes et communautés rurales avec la loi n° 88-05 du 20 juin 1988 portant Code de l'urbanisme dans sa précédente rédaction.

PREMIÈRE PARTIE

DOCUMENTS D'URBANISME ET AMÉNAGEMENT : LES OPERATIONS PRÉALABLES À LA CONSTRUCTION

Objet de l'urbanisme.

Selon l'article 1er de la loi 2008-43 du 20 août 2008 portant Code de l'urbanisme (partie législative) modifiée (seulement en son article 68) par la loi 2009-26 du 8 juillet 2009, l'« *urbanisme a pour objet l'aménagement et la gestion prévisionnels et progressifs des agglomérations dans le cadre de la politique de développement économique, social et d'aménagement du territoire et de la protection de l'environnement. Son objectif est l'organisation rationnelle du sol en vue de l'amélioration des conditions de vie des populations et asseoir les bases de production de richesses et d'un développement durable* ».

Quant à l'article 2, il précise que « *l'élaboration et l'exécution de la politique de l'urbanisme comportent la consultation de conseils ou de commissions où sont représentées les populations et les collectivités locales intéressées, ainsi que les organismes socio-économiques, dans les conditions définies par la partie réglementaire du présent Code* ».

Les articles R 2 à R 35 du Décret d'application n° 2009-1450 du 30 décembre 2009 donnent des détails sur la composition et les attributions des conseils et commissions.

CHAPITRE 1

LE COEFFICIENT D'OCCUPATION DU SOL ET L'EMPRISE AU SOL

Il convient de signaler au préalable qu'un certain nombre de normes techniques s'appliquent aux opérations de construction. Ce sont en l'occurrence les normes de densité pour les lotissements d'habitation et pour les constructions au niveau de la parcelle qui s'expriment par l'exigence du coefficient d'occupation des sols et du coefficient d'emprise au sol. Ces normes font l'objet des articles 3 et 4 de loi n° 2008-43 du 20 août 2008 portant partie législative du Code de l'urbanisme.

L'article 3 dispose : « *Il est institué des normes de densité pour les lotissements d'habitation et pour les constructions au niveau de la parcelle. La densité au niveau du lotissement vise à limiter la superficie totale affectée aux parcelles, pour garantir un minimum de voirie, d'équipements collectifs et d'espaces publics. La limitation de la densité de construction au niveau de la parcelle a pour objet de maîtriser les paramètres qui permettent d'améliorer les conditions de vie des populations.* »

Selon l'article 4 : « *La densité d'occupation au niveau du lotissement d'habitation s'apprécie en fonction [de] la densité résidentielle nette et le taux d'occupation par types d'activités. La densité résidentielle nette prend en compte l'ensemble des surfaces directement affectées à l'habitat et à ses annexes : emprise de bâtiments, espaces libres d'îlots, aires de stationnement et voirie résidentielle à l'exception des équipements collectifs (écoles, terrains de sports, voirie de quartier, etc...). Le taux d'occupation par types d'activités détermine le minimum d'équipements à prévoir dans le lotissement en matière de voirie, d'équipements collectifs et d'espaces publics. Les normes de densité de construction s'expriment par le coefficient d'occupation du sol et le coefficient d'emprise au sol. Le coefficient d'occupation du sol (COS) est le rapport entre la surface de plancher hors œuvre et la surface de la parcelle. Le coefficient d'emprise au sol détermine la proportion maximale de surface construite au sol par rapport à la surface du terrain considéré.* »

Le mode de calcul de ces deux coefficients est déterminé par les articles R 77 à 81 du Décret d'application° 2009-1450 du 30 décembre 2009 portant partie réglementaire du Code de l'urbanisme.

CHAPITRE 2

LES DOCUMENTS D'URBANISME GÉNÉRAUX

Selon l'article 6 de la loi 2008-43 précitée, les prévisions et les règles d'urbanisme s'expriment par :

- les schémas directeurs d'aménagement et d'urbanisme ;
- les plans directeurs d'urbanisme ;
- les plans d'urbanisme de détails ;
- les plans de lotissement.

L'élaboration des documents d'urbanisme (organes compétents et financement) est régie par l'article 5 al. 1 qui dispose : *« Les organismes publics, parapublics ou privés compétents peuvent participer conjointement avec les collectivités locales et l'État à l'élaboration des documents d'urbanisme et à la réalisation des opérations d'aménagement.* » L'élaboration des documents d'urbanisme et la réalisation des opérations d'aménagement relèvent donc de la compétence des collectivités locales, de l'État et des organismes publics, parapublics ou privés.

Quant à leur financement, l'al. 2 du même article dispose : « l'État peut consentir des subventions, avances ou dotations à ces organismes. Les modalités de mise en œuvre de ces opérations sont déterminées, en tant que de besoin, par décret ou conventions entre les collectivités locales, l'État et ces organismes. »

SECTION 1 : LES SCHÉMAS DIRECTEURS D'AMÉNAGEMENT ET D'URBANISME

L'article 7 de la loi les définit, en donne le contenu et éclaire sur leur approbation :

« Les schémas directeurs d'aménagement et d'urbanisme fixent les orientations fondamentales de l'aménagement des territoires concernés, compte tenu des relations entre ces territoires et les régions avoisinantes et de l'équilibre qu'il convient de préserver entre l'extension des agglomérations, l'exercice des activités agricoles, des activités industrielles, et les autres activités économiques et la préservation de

l'environnement. Les schémas directeurs d'aménagement et d'urbanisme prennent en compte les programmes de l'État ainsi que ceux des collectivités locales et des établissements et services publics ou privés.

Ils déterminent la destination générale des sols, la nature et le tracé des grands équipements d'infrastructures, en particulier de transport, la localisation des activités les plus importantes ainsi que les zones préférentielles d'extension ou de rénovation et de restructuration.

Les schémas directeurs d'aménagement et d'urbanisme s'appliquent à une commune, à une communauté rurale, à un ensemble de communes et de communautés rurales ou de leurs parties. Ils sont dotés des plans d'occupation des sols qui constituent leur complément.

Les schémas directeurs d'aménagement et d'urbanisme sont rendus exécutoires par décret après avis favorable du conseil régional. »

SECTION 2 : LES PLANS DIRECTEURS D'URBANISME (PDU)

Ils font l'objet de l'article 8 de la loi qui dispose :

Les plans directeurs d'urbanisme fixent les orientations générales et indiquent les éléments essentiels de l'aménagement urbain, dans le cadre du plan national d'aménagement du territoire.

Ils intègrent et coordonnent les objectifs de l'État, des collectivités locales, des organismes publics ou privés en matière de développement économique et social. Les plans directeurs d'urbanisme s'appliquent aux communes, à des parties de communes ou de communautés rurales, à des agglomérations, ou des parties d'agglomérations que réunissent des intérêts dans le cadre de l'intercommunalité. »

Les articles R 38 à R 52 du Décret d'application donnent davantage de détails sur le contenu et l'instruction des plans directeurs d'urbanisme.

SECTION 3 : LES PLANS D'URBANISME DE DÉTAILS

A/ DÉFINITION ET CONTENU

C'est l'article 9 de la loi 2008-43 qui s'y rapporte. Aux termes de cet article :

« Les plans d'urbanisme de détails reprennent à plus grande échelle les dispositions d'aménagement d'une zone ou des parties des plans directeurs et schémas directeurs d'aménagement et d'urbanisme.

Ils précisent et complètent les dispositions des plans directeurs et schémas d'urbanisme, en fonction des spécificités de chaque secteur concerné, notamment la délimitation des zones d'affectation en considération de la nature et valeur des sols, des règles d'utilisation du sol et de l'équilibre écologique.

Le plan d'urbanisme de détails comporte un règlement qui fixe, conformément à l'article 11 du Code de l'Urbanisme, les conditions d'utilisation du sol.

Les plans d'urbanisme de détails sont approuvés par décret sur rapport du Ministre chargé de l'Urbanisme après avis de la collectivité locale concernée. »

Les articles R 53 à R 57 du Décret d'application précisent donnent des détails sur le contenu et l'instruction des projets de plans d'urbanisme de détails.

B/ Possibilité de mesures de sauvegarde

Cinq mesures de sauvegarde peuvent être instituées pendant la période d'élaboration ou de révision des plans d'urbanismes.

L'article 10 de la loi 2008-43 les identifie comme suit :

« (…) :

1° *soumission à autorisation délivrée par l'autorité ayant en charge l'élaboration des documents ;*

2° possibilité de surseoir à statuer sur les demandes d'autorisation de construire ;

3° suspension générale de la délivrance des autorisations de construire dans une ou plusieurs zones déterminées ;

4° possibilité de surseoir à statuer sur les demandes d'autorisation d'ouvrir des établissements classés ;

5° soumission à autorisation administrative préalable de tous travaux publics et privés ».

Toutefois, le même article précise :

*« Ces mesures de sauvegarde ne sont valables **que pour une durée de 3 ans** à compter de la publication au Journal officiel de l'acte les*

instituant. Toutefois, cette durée est susceptible d'une prolongation de deux périodes consécutives de 6 mois. »

Davantage de détails sur les mesures de sauvegarde sont contenus dans les articles R 58 à 65 et R 110 à R 113 du Décret n° 2009-1450 du 30 décembre 2009 d'application de la loi 2008-43.

Il convient d'ajouter que des règles de servitudes peuvent être imposées par les plans directeurs d'urbanisme et les plans d'urbanisme de détail.

C/ POSSIBILITÉ DE SERVITUDES

Définition de la servitude

Les servitudes prévues au plan d'urbanisme sont limitées au droit de propriété au profit du plan d'urbanisme. Les servitudes constituent des droits s'imposant aux propriétaires sur leurs propriétés. Elles sont établies en raison d'une opération d'intérêt général, ce qui leur confère cette capacité à limiter la jouissance d'une propriété.

L'article 11 de la loi 2008-43 énumère comme suit les règles de servitudes qui peuvent être imposées par les plans directeurs d'urbanisme et les plans d'urbanisme de détails :

« 1° suspension générale pour une période ne pouvant excéder cinq ans, de la délivrance des autorisations de construire dans une ou plusieurs zones déterminées ;

2° soumission à autorisation administrative préalable pour une période ne pouvant excéder cinq ans, des transactions immobilières dans une ou plusieurs zones urbanisées ;

3° prescriptions relatives aux dimensions minimales et maximales des terrains à bâtir ;

4° prescriptions relatives aux volumes, à la densité, aux caractéristiques architecturales et techniques, à l'implantation des constructions et aux caractéristiques de la végétation et de l'environnement.

Ces prescriptions s'expriment, en particulier, par l'établissement d'un coefficient d'occupation du sol.

5° prescriptions relatives à l'échelonnement dans le temps de la réalisation des constructions dans les différentes zones prévues, lesdites prescriptions pourront comporter l'interdiction totale ou partielle de construire pendant une période ne pouvant excéder quinze ans dans les zones d'urbanisation future déterminées par les plans d'urbanisme ;

6° prescriptions relatives à la destination des zones et des immeubles ;

7° interdictions totale et partielle de bâtir sur certaines zones dites "non aedificandi" ou réservées ;

8° prescriptions relatives à l'aménagement des zones maraîchères ou agricoles, des zones de loisirs et des lotissements de toute nature ainsi qu'aux charges pouvant être imposées pour ces réalisations ;

9° prescriptions relatives à la sauvegarde et à la mise en valeur des sites, des ensembles architecturaux ou de tout élément de valeur historique, naturelle ou artistique ;

10° prescriptions relatives à l'hygiène, à la salubrité, à la sécurité publique et à la sauvegarde des valeurs culturelles et esthétiques. »

Il convient de signaler que toutes ces servitudes et obligations établies « peuvent donner lieu à une indemnité s'il résulte de ces servitudes et obligations une modification de l'état antérieur des lieux déterminant un préjudice actuel, direct, matériel et certain. » (Article 13 de la loi 2008-43).

Les conditions et montants de ces indemnités sont entre autres précisés par les articles R 66 à 73 du Décret d'application qui se rapportent dans l'ensemble aux mesures d'exécution des plans d'urbanisme.

Il y a aussi des révisions des plans d'urbanisme : articles R 75 et R 76 du Décret.

SECTION 4 : LES PLANS DE LOTISSEMENT

A/ DÉFINITION ET CONTENU

L'article 14 de la loi 2008-43 dispose :

Le plan de lotissement est un plan indiquant le mode d'aménagement, d'équipement et **de découpage parcellaire d'un terrain en vue de la vente ou de la location.**

Le plan de lotissement comporte :

- un plan de situation du terrain à lotir ;
- un document graphique modifiant le découpage parcellaire proposé avec l'état actuel et sa desserte ;

- un rapport de présentation expliquant les principes d'élaboration du projet, les caractéristiques des parcelles (taille, forme, situation) ;
- un règlement d'utilisation du sol ;
- le programme de travaux de viabilisation et d'équipement à réaliser.

B/ APPROBATION DES PLANS DE LOTISSEMENT

L'alinéa 3 de l'article 14 précité dispose :

« Les plans de lotissement sont approuvés par le Ministre chargé de l'urbanisme après avis favorable de la collectivité locale concernée. »

CHAPITRE 3

LES OPÉRATIONS D'AMÉNAGEMENT

Les documents d'urbanisme sont exécutés par des actes dont la définition et la précision font l'objet notamment de l'article 19 de la loi 2008-43 qui dispose :

« Les zones spéciales d'aménagement visées à l'article 12 prennent la forme :

- de rénovation urbaine et de restructuration ;
- de remembrement ;
- d'aménagement concerté ;
- et de lotissement.

(...)

La création d'une zone spéciale d'aménagement entraîne lorsque les terrains relèvent du Domaine National :

1° l'immatriculation au nom de l'État des terrains du Domaine National compris dans la zone ;

2° l'acquisition éventuelle des terrains ne constituant pas de dépendance du Domaine National. »

SECTION 1 : RÉNOVATION URBAINE

Aux termes de l'article 20 de la loi 2008-43, la rénovation urbaine est définie comme « *une opération qui a pour objectif, l'amélioration de la qualité d'un ensemble urbain* ». Elle peut être totale ou partielle (art. 23 de la loi 2008-43). En plus des dispositions qui lui sont propres, la rénovation urbaine doit aussi être conforme à *« la législation sur la préservation des immeubles à caractère historique ou culturel. »*

Les opérations de rénovation urbaine, selon l'article 21 de la loi 2008-43, consistent en :

« – ***L'acquisition*** *éventuelle des immeubles compris dans le périmètre à rénover,* ***les démolitions*** *nécessaires et la mise en état du sol,* ***la remise à neuf*** *d'immeubles, l'édification de nouvelles* *constructions, l'aménagement des espaces nécessaires à la voirie et aux équipements collectifs ;*

• ***Le relogement*** *éventuel et/ou* ***l'indemnisation*** *des anciens propriétaires ou locataires.* »

L'initiative des opérations de rénovation revient, aux termes de l'article 23 de la loi 2008-43, à la commune. Mais, elle peut aussi être prise « par l'État ou par des organismes œuvrant dans le domaine de l'urbanisme et de l'habitat. » (art.23).

Les effets de la rénovation, fiscaux et non (surtout en cas d'expropriation ou dans l'hypothèse d'un fonds de commerce) font l'objet des articles 25 à 31 de la loi 2008-43.

Il convient de souligner que le contentieux des opérations de rénovation, est régi par la loi 2008-43.

Il est utile de préciser que conformément à l'article 24 de la loi, des mesures de sauvegarde peuvent être instituées dans les zones à rénover pendant la période d'élaboration des plans de rénovation (voir aussi, article 10 de la loi précitée).

SECTION 2 : RESTRUCTURATION

Selon l'article article 33 de la loi, « **l'opération de restructuration** consiste en l'aménagement des zones non loties, vétustes ou insalubres. Ces zones sont caractérisées par une occupation anarchique de l'espace avec un manque notoire d'équipements collectifs. L'opération a pour **objet d'assurer une utilisation et une organisation plus rationnelle de l'espace** et d'améliorer le cadre de vie des populations.

La procédure d'exécution des opérations de restructuration est définie par décret.

L'État ou la collectivité locale prend l'initiative de l'opération de restructuration. Ils peuvent soit procéder eux-mêmes à l'opération, soit la confier à un organisme public ou privé d'aménagement. L'opération de restructuration fait l'objet d'un plan de restructuration qui respecte les dispositions du plan d'urbanisme de détails. »

Pour aller plus loin, voir les articles R 98 et R 99 et R 169 à R 171 du Décret d'application.

SECTION 3 : REMEMBREMENT

Selon la loi 2008-43, le remembrement urbain comporte, sur la base des plans d'urbanisme, des opérations obligatoires d'alignement, de normalisation de limites, des modifications de l'assiette de propriété ainsi que des charges et servitudes y rattachées, de redistribution de parcelles enclavées ou mal desservies comprises dans la zone spéciale d'aménagement. Le remembrement peut être prescrit en cas de restructuration du domaine foncier pour la réalisation d'un lotissement, d'une zone de rénovation ou d'une zone d'aménagement concerté.

L'État, la commune ou la communauté rurale prend l'initiative de l'opération de remembrement.

L'opération est conduite par la collectivité locale concernée en rapport avec le Ministère chargé de l'Urbanisme, des Domaines et du Cadastre.

Pour aller plus loin, voir aussi articles 35 à 38 de la loi n° 2008-43 du 20 août 2008 modifiée par la loi n° 2009-26 du 8 juillet 2009 portant partie législative du Code de l'urbanisme et le Chapitre 3 du Décret n° 2009-1450 du 30 décembre 2009, portant partie réglementaire (Articles R 114 à R 132).

SECTION 4 : ZONES D'AMÉNAGEMENT CONCERTÉE

I. DÉFINITION DE LA ZONE D'AMÉNAGEMENT CONCERTÉE (ZAC)

L'article 39 de la Loi n° 2008-43 du 20 août 2008 portant Code de l'urbanisme dispose :

« Les zones d'aménagement concerté ont pour objet l'aménagement et l'équipement de terrains, notamment en vue de la réalisation d'infrastructures et d'équipements collectifs publics ou privés, de constructions à usage d'habitation, de commerce, d'industrie ou de service.

Elles font **l'objet au préalable d'un plan d'urbanisme de détails.**

Si le plan directeur d'urbanisme ne l'a pas déjà prévu, la zone d'aménagement concertée est instituée par décret sur le rapport conjoint du Ministre chargé de l'Urbanisme et du Ministre chargé des Domaines.

Lorsqu'un plan d'urbanisme a été approuvé, des zones d'aménagement concerté ne peuvent être créées qu'à l'intérieur de zones urbaines ou des zones d'urbanisation future délimitées par le plan d'urbanisme. »

L'art. 40. du Code de l'urbanisme précise :

« Toute création de zone d'aménagement concerté, par l'autorité administrative, doit **être précédée d'une large diffusion auprès du public pendant un délai de trois mois**, des éléments du dossier de création (périmètre d'intervention, plan d'état des lieux, rapport justificatif).

À compter de la publication du décret créant la zone d'aménagement concerté, les titulaires des droits réels compris dans le périmètre de la zone d'aménagement concerté, doivent se mettre en rapport avec la personne morale chargée de l'opération ou celle qui a pris l'initiative de la création de la zone afin d'étudier les modalités justes de prise en compte de leurs droits réels.

En cas de désaccord, la procédure d'expropriation pour cause d'utilité publique est immédiatement enclenchée dans les conditions définies par la loi. »

Le Décret n° 2009-1450 du 30 décembre 2009, portant partie réglementaire du Code de l'Urbanisme donne plus de détails en ses articles 133 à 144.

II. LES AMÉNAGEURS

Les ZAC concernent principalement les aménageurs publics et para publics : Société immobilière du Cap Vert dite SICAP, la Société nationale des Habitations à Loyer Modéré dite SNHLM ou encore les promoteurs immobiliers privés bénéficiant du concours de la puissance publique telle que la SCAT-URBAM).

Elles concernent enfin les coopératives d'habitat.

Les plus importantes opérations d'aménagement actuelles (ville nouvelle) ont lieu à DIANIAMDIO, près du futur aéroport.

A/ CAS DES PARCELLES ASSAINIES AVEC LA SNHLM

La SNHLM, initiatrice des programmes de parcelles assainies, opère dans les différentes régions du Sénégal. Elle acquiert des terrains, les viabilise, et les met en vente dans le cadre du développement de l'habitat social, au profit des acquéreurs, pris individuellement, ou regroupés en association de demandeurs et acquéreurs de parcelles assainies. Les conditions d'attribution varient en fonction de la superficie de la parcelle assainie.

Pour les parcelles de 150 m², l'adhésion à une section de l'Association de Demandeurs et Acquéreurs de Parcelles Assainies est obligatoire.

En ce qui concerne les grandes parcelles, c'est-à-dire celles dont la superficie est supérieure à 150 m², l'attribution est faite à la suite d'une sélection au vu d'un dossier individuel, constitué par chaque demandeur.

B/ Cas de la SCAT-URBAM

La mission de la SCAT-URBAM consiste à aménager des terrains, et à les vendre après morcellement aux promoteurs immobiliers, aux coopératives et aux particuliers. Les prix de cession des parcelles varient en fonction de la zone, et du niveau d'équipement.

L'acquéreur de parcelle de terrain à bâtir peut donc s'adresser directement à la SCAT-URBAM, pour acquérir un terrain dans ses programmes.

C/ Coopératives d'habitats

Les coopératives sont régies par la loi N° 83.07 du 28 janvier 1983, et le décret N° 83.320 du 25 mars 1983, pris pour son application.

La coopérative d'habitat est une entité juridique distincte de ses membres, qui acquiert des terrains en vue de les aménager au profit de ses membres ou d'y édifier des logements pour ses adhérents en exclusivité.

La coopérative peut acquérir un terrain à bâtir auprès de l'État au niveau des services techniques du ministère de l'Économie et des Finances, des Parcelles Assainies (SNHLM), et de Zones d'Aménagement Concerté. Dans cette recherche de terrains pour la construction, les coopératives sont assistées par le Bureau d'Assistance pour l'Habitat Social (BAHSO).

Le BAHSO est un instrument de soutien au service des populations, particulièrement celles regroupées dans des sociétés coopératives pour la réalisation de programmes de logement.

Toute coopérative d'habitat ou toute association d'auto construction reconnue, peut bénéficier de l'assistance du BAHSO, qui consiste à :

- animer l'association
- procéder au montage financier des études

- rechercher le financement
- suivre le chantier

Un Fonds Roulant pour l'Habitat Social (FRHS) est créé par le gouvernement du Sénégal, pour appuyer le financement de la politique d'habitat social. Le FRHS est une ligne de crédit ouvert à la Banque de l'Habitat du Sénégal (BHS), destinée à faciliter la mobilisation de l'épargne de ses membres pour pouvoir disposer de la totalité de la contribution financière en vue de l'affectation de la superficie demandée.

L'attribution des parcelles viabilisées, au profit des membres de la coopérative, est faite selon une procédure interne, préalablement définie entre les adhérents.

D/ LE CAS DE L'AMÉNAGEMENT DES ZONES TOURISTIQUES AVEC LA SOCIÉTÉ SAPCO SÉNÉGAL

Voir le Livre 5 du présent ouvrage consacré aux mesures fiscales et principaux organismes mis en place pour faciliter les investissements.

SECTION 5 : LOTISSEMENT

À l'inverse des ZAC qui concernent principalement les aménageurs publics et para publics, les lotissements concernent principalement les lotisseurs privés.

I. PRÉSENTATION

Définition

Au terme de l'article 41 du **Code de l'urbanisme**, constitue un lotissement, **l'opération et le résultat de l'opération ayant pour effet la division en lots d'une ou plusieurs propriétés foncières pour la vente ou mutations à titre gratuit ou pour locations simultanées ou successives.**

Le lotissement crée des lots viabilisés – raccordés à la distribution d'eau, à l'évacuation, au traitement des eaux usées, à l'électricité et aux communications… – et constructibles. L'étendue des prestations fournies varie selon que le lotissement soit évolutif ou définitif.

Critères

Le lotisseur doit être propriétaire de son terrain.

Par ailleurs, la division d'un terrain en deux à quatre parcelles ne constitue pas, comme le précise l'article R.146 du Code de l'urbanisme, un lotissement mais une simple division dont l'autorisation est soumise à une procédure simplifiée.

Les ensembles pouvant résulter d'un lotissement

Le lotissement ne peut être envisagé que pour :

- La réalisation de logements, avec ou sans équipements commerciaux et administratifs ;
- L'implantation d'établissements industriels, artisanaux, commerciaux ou touristiques ;
- La création d'équipements publics ;
- Ou la création de jardins ou de cultures maraîchères et de pépinières

Dans ce dernier cas, le Code de l'urbanisme (Articles R.165 et R.166) prévoit que seules les constructions prévues par l'autorisation de lotir pourront être autorisées.

II. L'AUTORISATION DE LOTIR

Une opération soumise à autorisation administrative

La création d'un lotissement est subordonnée à l'obtention d'une autorisation du Ministre de l'Urbanisme. En effet, l'opération de lotissement correspond à la création d'une zone urbanisée dans une zone jusqu'alors non construite. L'État souhaitant maîtriser l'urbanisation, il subordonne les opérations importantes à une autorisation administrative.

Le dépôt de la demande

Une demande d'autorisation de lotir doit être déposée par le propriétaire du terrain d'assise ou son mandataire auprès des services du Ministère de l'urbanisme territorialement compétent.

L'article R.150 du Code de l'urbanisme énonce l'ensemble des pièces à fournir et le nombre d'exemplaires nécessaires pour les demandes d'autorisation de lotir. L'article R.154 du même Code détaille les pièces nécessaires aux demandes d'autorisation de simple division.

L'instruction de la demande

Pour que la demande de lotir soit accordée, elle doit :

- être conforme aux prescriptions du plan d'urbanisme en vigueur dans la zone
- ou, en l'absence de tel plan, être autorisée sur avis favorable du Comité départemental de l'urbanisme pour les lotissements de moins de 100 lots ou sur avis favorable du Comité régional de l'urbanisme pour les lotissements de plus de 100 lots
- être soumise à l'avis des services techniques pour les raccordements (Domaines, Cadastre, SONES [eau], SENELEC [électricité], SONATEL [téléphone], Travaux publics, ONAS, etc.) devant répondre dans un délai de 15 jours
- être soumise pour avis de la collectivité locale intéressée, notamment si le lotissement entraîne pour la Collectivité concernée des dépenses supplémentaires, devant répondre dans un délai d'un mois.

Le délai d'instruction de la demande est de 3 mois. Ce délai est porté à 6 mois lorsqu'une enquête publique a été prescrite ou lorsque le lotissement projeté est situé dans un département qui ne dispose pas de service d'urbanisme.

Les motifs de rejet de la demande

La demande peut être rejetée pour différents motifs :

- Soit en fonction de la qualité du terrain, considéré alors comme impropre à l'habitation en raison de risques d'inondation, d'érosion, d'affaissement ou d'éboulement.
- Soit en fonction de sa non-conformité aux règles d'urbanisme en vigueur.
- Soit en fonction de l'existence d'une aire protégée ou zone de protection spéciale en raison de son intérêt écologique.
- Si le lotissement est de nature à porter atteinte à la salubrité publique.
- Si la création du lotissement implique pour la Collectivité locale ou l'État la réalisation d'équipements nouveaux non prévus.
- Si la situation, la forme, ou la dimension des lots ou si par l'implantation, le volume ou l'aspect des constructions protégées,

l'opération est de nature à porter atteinte au caractère ou à l'intérêt des lieux avoisinants, au site ou au paysage naturel ou urbain.

- Pour tout autre motif d'intérêt public.

Quelque soit le motif invoqué pour le refus de la demande d'autorisation de lotir, celui-ci doit obligatoirement être motivé. Cela permettra alors de corriger le projet en vue d'obtenir une réponse favorable.

L'autorisation de lotir avec prescriptions spéciales

L'autorisation de lotir est délivrée par le Ministre chargé de l'Urbanisme au propriétaire du terrain ou à son mandataire, elle doit lui être notifiée. Elle peut comprendre un certain nombre de prescriptions spéciales auxquelles devra se soumettre le lotisseur. Ces prescriptions peuvent être motivées par l'ensemble des motifs de rejet. Ces prescriptions devront être motivées par l'organe délivrant l'autorisation de lotir.

Ces prescriptions subordonnent la validité de l'autorisation de lotir, elles devront donc obligatoirement être respectées par le lotisseur.

L'autorisation de lotir et les prescriptions y étant nécessairement attachées

L'autorisation de lotir peut être délivrée sans prescriptions spéciales, mais elle imposera toujours :

- **La cession gratuite** à l'État ou aux collectivités publiques des emprises nécessaires à la voirie et aux équipements publics
- l'étude d'impact environnementale
- **La création de l'association de gestion** des ouvrages et aménagement d'intérêt collectif, couramment appelée **association syndicale de propriétaires.**

Elle pourra également imposer l'affectation de certains emplacements à la construction d'équipement commercial et artisanal et l'installation de locaux professionnels compatibles avec l'habitation. Dans ce cas, les lots visés restent propriété du lotisseur et ne pourront être cédés que pour l'usage prévu.

L'autorisation de lotir devra faire l'objet **d'un affichage visible** sur le terrain d'assiette dès la notification de l'autorisation et durant toute la durée du chantier.

III. LA VENTE OU LA LOCATION DES TERRAINS

Le lotisseur ne peut pas vendre, louer ou obtenir d'autorisation de construire pour ses terrains avant d'avoir obtenu l'autorisation de lotir et d'avoir réalisé l'ensemble des prescriptions pouvant y être attachées sous peine de nullité de ces opérations.

Par ailleurs, pour toute vente ou location, le service ayant délivré l'autorisation de lotir fournit gratuitement au lotisseur un certificat mentionnant l'accomplissement des formalités prévues en matière de lotissement et la réalisation des prescriptions spéciales subordonnant la validité de l'autorisation de lotir. **Ce certificat est annexé à l'acte de vente ou au bail.**

IV. LA GESTION DU LOTISSEMENT

Le cahier des charges ou le règlement

Le lotisseur doit avoir prévu un cahier des charges ou un règlement fixant les règles et servitudes d'intérêt général imposées dans le lotissement et concernant notamment le caractère et la nature des constructions à édifier, la tenue des propriétés, et les clôtures. **Ce cahier doit être annexé à la demande d'autorisation de bâtir.** Les services de l'urbanisme peuvent demander au lotisseur de le modifier afin d'assurer sa conformité avec les documents d'urbanisme applicables au terrain d'assise du lotissement.

Conclusion : Quelques règles de précaution à respecter

Tout d'abord, il y a lieu de s'assurer que le lotissement est régulier, auprès du service régional de l'Urbanisme territorialement compétent.

Il convient également de demander au lotisseur ou à son mandataire, tous les documents ou certificats qui sont délivrés par les services compétents de l'Urbanisme (conformité du lotissement, cahier des charges du lotissement, etc.), pour s'assurer de la sécurité du lotissement, ceci pour éviter les situations de précarité dans l'occupation du terrain.

Il faut toujours passer par un notaire pour l'acquisition d'une parcelle.

Les procédures légales et réglementaires sont les mêmes qu'en matière d'acquisition d'une parcelle de terrain à bâtir, à savoir :

- obligation d'un acte authentique (notarié) pour constater la vente,
- accomplissement des formalités de l'enregistrement et de timbre,

- publication de l'acte au livre foncier,
- remise, à l'acquéreur, de la copie du titre foncier ou du certificat d'inscription paiement des frais d'acte.

CHAPITRE 4

RÉSERVES FONCIÈRES

Les réserves foncières sont établies par l'État, les collectivités locales, les organismes d'aménagement, les promoteurs publics ou les promoteurs privés. Elles peuvent être constituées par voie d'immatriculation des terres du Domaine National en ce qui concerne l'État, par voie d'acquisition amiable, par la préemption ou l'expropriation « pour cause d'utilité publique » pour la réalisation de futures opérations d'aménagement dans les agglomérations, pour la préservation et l'aménagement des espaces naturels, ainsi que pour l'aménagement de zones touristiques. Les réserves foncières ne peuvent être constituées que lorsqu'elles sont conformes aux dispositions des plans d'urbanisme. (Article 54 du Code de l'urbanisme du Sénégal).

Par ailleurs, la personne morale acquéreur d'une réserve foncière doit en assurer la gestion en bon père de famille. En dehors des cessions que les personnes morales pourraient se consentir entre elles et celles faites en vue de la réalisation d'opérations pour lesquelles la réserve a été constituée, **les immeubles acquis pour la constitution de réserves foncières ne peuvent être cédés en pleine propriété sous quelque forme que ce soit avant leur utilisation définitive**. Ces immeubles ne peuvent faire l'objet que de concessions temporaires qui ne confèrent aucun droit à se maintenir dans les lieux lorsque l'immeuble est repris en vue de son utilisation définitive (Article 55 du Code de l'urbanisme).

DEUXIÈME PARTIE

L'OPÉRATION DE CONSTRUCTION

À titre préliminaire : le Certificat d'urbanisme

Avant de construire, il est vivement recommandé de demander un certificat d'urbanisme, soit directement soit par l'intermédiaire d'un professionnel (architecte ou géomètre expert) étant précisé qu'il n'est pas nécessaire d'être propriétaire du terrain pour former cette demande.

Définition

Le certificat d'urbanisme est un document administratif présentant les règles d'urbanisme applicable à un terrain précis. Il permet également de figer les règles qu'il énonce pour une limitée afin de préparer une demande d'autorisation de construire.

La demande de certificat d'urbanisme

La demande de certificat d'urbanisme est effectuée auprès de la collectivité locale du terrain d'assise du certificat. (Commune ou département depuis juin 2014)

En l'absence de service d'urbanisme dans ces collectivités, la demande peut être déposée au service d'urbanisme de l'État chargé d'instruire le dossier. Le dépôt de la demande doit faire l'objet d'un récépissé.

Le certificat d'urbanisme est délivré, après instruction, par le service chargé de l'urbanisme, dans un délai d'un mois à compter de la date de dépôt de la demande, par le maire ou le président du conseil rural.

Le contenu de la demande

La demande de certificat d'urbanisme précise la superficie et les références cadastres du terrain ainsi que l'objet de la demande. La demande est accompagnée d'un extrait de plan cadastral, d'un plan du terrain et d'un plan de situation permettant de le localiser.

Le contenu du certificat d'urbanisme

Le certificat indique sur la parcelle de terrain sur laquelle il porte peut être affecté à la construction. Il indique également si elle peut être utilisée pour la réalisation d'une opération déterminée projetée en fonction de sa nature et des règles d'urbanisme applicable.

Il indique plus précisément :

- les prescriptions d'urbanisme applicables au terrain
- les servitudes d'urbanisme affectant le terrain
- la destination de la zone où se situe le terrain
- la possibilité d'opposer un sursis à statuer à une demande d'autorisation de construction ou d'une opération déterminée sur ce terrain.

Dans le cas où la constructibilité du terrain ou la possibilité de réaliser une opération déterminée est subordonnée à l'avis ou à l'accord des services autorisés ou commissions relevant du ministère chargé des Monuments historiques ou des sites classés, le certificat d'urbanisme en fait expressément la réserve.

Dans l'hypothèse où la parcelle ne pourrait être constructible ou affectée à l'opération visée, le certificat d'urbanisme doit en énoncer les motifs.

Durée de validité du certificat d'urbanisme

Le certificat d'urbanisme est valable pour une durée de 6 mois. Ce délai peut être prorogé pour une durée de 3 mois sur demande de l'intéressé présentée un mois avant l'expiration du délai initial. Cette prorogation n'est possible que si les prescriptions administratives de tous les ordres applicables au terrain n'ont pas évoluées.

L'effet du certificat d'urbanisme

Tant qu'il est valide, le certificat d'urbanisme obtenu fige les règles applicables à la parcelle concernée. Partant, la demande d'autorisation de construire ou la demande visant une opération prévue par le certificat devra être étudiée selon les règles dont il fait état. Même si les règles d'urbanisme applicables à la parcelle visée ont changé, la demande présentée au cours de la période de validité du certificat d'urbanisme sera étudiée en fonction des règles existant au jour du certificat.

Le certificat d'urbanisme est défini par l'article 67 de la loi n° 2008-43 du 20 août 200 portant Code de l'Urbanisme et les articles R.186 à R.194 du Décret n° 2009-1450 du 30 décembre 2009 portant partie réglementaire du Code de l'Urbanisme.

CHAPITRE 1

LES AUTORISATIONS ADMINISTRATIVES PRÉALABLES À L'OPÉRATION DE CONSTRUCTION

SECTION 1 : L'AUTORISATION DE CONSTRUIRE ET DE DÉMOLIR

I. L'AUTORISATION DE CONSTRUIRE

L'obligation d'obtenir une autorisation de construire

L'obtention d'une autorisation de construire est en principe obligatoire pour l'ensemble des travaux réalisés.

Exceptions : Toutefois, il existe certaines situations dans lesquelles des travaux peuvent être réalisées sans avoir à obtenir d'autorisation (Article R.215 et R.216 du Code de l'urbanisme) :

- les travaux courants d'entretien, de réparation ou de ravalement de constructions existantes, à condition que ces travaux n'apportent aucune modification extérieure au caractère des dites constructions et qu'il ne s'agisse pas de peindre ou d'habillage de façade dans un but publicitaire ;

- Les travaux de construction de clôture d'une hauteur inférieure à deux mètres autres que celles qui bordent les grandes artères notamment ; les boulevards et avenues, les places publiques existantes ou projetées ; les travaux urgents de caractère conservatoire prescrits par l'autorité compétente pour la réparation ou la démolition des murs, bâtiments ou édifices quelconques longeant la voie ou la place publique lorsqu'ils menacent ruine et qu'ils pourraient, par leur effondrement, compromettre la sécurité.

- Sont également exemptés sur tout le territoire national ou dans certaines zones seulement, par arrêtés conjoints du Ministre chargé de l'Urbanisme et des autres Ministres intéressés, certains types de constructions ou de travaux déterminés en raison notamment de leur caractère militaire ou sécuritaire, ou de leur faible importance à condition qu'ils ne soient pas soumis par ailleurs à des dispositions législatives ou réglementaires spéciales.

Le dossier de demande d'autorisation de construire

La demande d'autorisation de construire est déposée ou envoyée auprès de la collectivité locale ou auprès du service de l'État chargé d'instruire le dossier pour le compte de la collectivité locale concernée. (Services de l'Urbanisme) Elle doit être constatée par récépissé ou par avis de réception postal.

La demande d'autorisation de construire est établie en 7 exemplaires et doit être signée par la personne qui fait construire ou par son mandataire. Elle comprend selon les Articles R.198, R.201 et R.206 du Code de l'urbanisme :

- un titre de propriété ou une autorisation d'occuper (bail emphytéotique, etc.) ;

- la notice descriptive détaillée indiquant la nature des travaux à exécuter. Cette notice devra indiquer la nature, la qualité des matériaux employés les couleurs des façades afin de juger de l'aspect de la construction projetée. Tout projet de construction et d'équipement d'un bâtiment public financé en totalité ou en partie par le budget de l'État, d'une collectivité locale ou d'un établissement public, ainsi que tout projet de construction et d'équipement d'un bâtiment recevant du public, devront, lorsque la dépense prévisible dépassera vingt millions de francs, comporter un programme de décoration artistique, conformément aux dispositions de la loi n° 68-02 du 4 janvier 1968 relative à la décoration des bâtiments publics ou recevant du public ;

- le plan de situation sur lequel sera figuré l'emplacement destiné à recevoir la ou les constructions avec indication du numéro du titre foncier, du lot ou de la parcelle. Ce plan de situation devra, sous peine de rejet du dossier, permettre d'identifier le terrain sans ambiguïté ;

- l'extrait de plan cadastral visé par le cadastre ;

- le plan de masse coté dans les deux dimensions. Lorsque la demande concerne la construction de bâtiments ou d'ouvrages devant être desservis par des équipements publics, le plan de masse indique le tracé de ces équipements et les modalités selon lesquelles les bâtiments ou ouvrages y seront raccordés. À défaut d'équipements publics, le plan de masse indique les équipements privés prévus, notamment pour l'alimentation en eau et l'assainissement ;

- les plans des façades et les plans de tous les niveaux et les coupes significatives ;

- une liste standard de pièces administratives pour faciliter le contrôle du dossier.

L'instruction de la demande d'autorisation de construire

Selon l'article 71 du Code de l'urbanisme, l'instruction de l'autorisation de construire est faite sur la base :

- des règles et servitudes fixées par les plans d'urbanisme applicables à l'emplacement considéré, en particulier, celles qui concernent le prospect, le coefficient d'occupation du sol, la hauteur, la localisation, la nature, le volume, l'aspect architectural des constructions et leur intégration dans l'environnement ;

- des normes en vigueur en matière d'espaces verts de parkings, d'équipements collectifs privés ou publics ;

- des dispositions législatives et réglementaires en vigueur en matière de sécurité, de santé, d'hygiène et d'environnement.

À ces normes légales s'ajoutent, le cas échéant, les **dispositions prévues dans les règlements de copropriété, les cahiers des charges ou les règlements des lotissements.** Les autorisations de construire n'exemptent pas les copropriétaires ou les co-lotis de respecter les dispositions prévues afin de garantir l'harmonie obligatoire au sein de ces entités. L'instruction de la demande se fait donc également en fonction des délibérations régulièrement votées par assemblées des propriétaires, devenues définitives.

Le délai de réponse de l'administration

L'administration est tenue de répondre :

- **sous 28 jours calendaires** pour les **dossiers dits ordinaires** (les dossiers individuels émanant des coopératives d'habitat, les renouvellements d'autorisation de construire de dossiers ordinaires, les dossiers de demande d'autorisation de construire dont l'instruction peut se limiter aux services techniques du cadastre, des domaines et de l'hygiène) ;

- **ou 40 jours calendaires** pour les **dossiers dits complexes** (les immeubles de grande hauteur, les renouvellements d'autorisation de construire de dossiers complexes, les établissements industriels et artisanaux, les établissements dans les sites classés, les établissements recevant du public, tous dossiers de demande d'autorisation de construire dont l'instruction implique des services autres que ceux énumérés dans le cas des dossiers simples).

Dans le cas où la décision n'a pas été notifiée dans les délais prévus ci-dessus, le demandeur peut saisir l'autorité compétente par lettre recommandée avec avis de réception postal.

Faute par l'autorité compétente de notifier sa décision dans le délai de trente jours à dater de la réception de cette lettre, l'autorisation de construire est réputée accordée pour les travaux décrits dans la demande **sous réserve toutefois que le demandeur se conforme aux dispositions législatives et réglementaires (ce qui exclut une construction déjà réalisée ou en cours d'exécution) l'avis de réception postal faisant foi.**

La délivrance de l'autorisation de construire

L'autorisation de construire est délivrée au propriétaire ou à son mandataire, après instruction par les services chargés de l'urbanisme, ou par la collectivité locale (département ou commune) dans les conditions définies dans la partie réglementaire du Code. (Article 70 du Code de l'urbanisme)

L'obligation d'afficher l'autorisation de construire

Cette autorisation doit être affichée sur son terrain d'assise dès sa notification **jusqu'à la fin des travaux.** Cet affichage permet de garantir l'information des personnes à proximité du lieu des travaux. Cette formalité a également un rôle **puisque l'affichage déclenche le délai de 2 mois pendant lequel l'autorisation pourra être contestée. Sans cet affichage, aucun délai de recours ne sera opposable aux requérants.**

La motivation des refus

Un refus d'autorisation de construire doit être fondé sur des motifs légaux et doit faire l'objet de motivations de la part des services de l'urbanisme. Ainsi, il sera possible, grâce aux observations de l'administration, de déposer une nouvelle autorisation conforme aux normes d'urbanisme.

Pour aller plus loin, voir les articles 68 à 73 de la loi n° 2008-43 du 20 août 2008 (modifiée par la loi n° 2009-26 du 8 juillet 2009) portant Code de l'Urbanisme et les articles R.195 à R.368 du Décret n° 2009-1450 du 30 décembre 2009 portant partie réglementaire du Code de l'Urbanisme pour les normes relatives aux autorisation de construire pour l'ensemble des constructions.

II. L'AUTORISATION DE DÉMOLIR

Ce sont les articles R 302 et R 303 du décret n° 2009-1450 du 30 décembre 2009 portant partie réglementaire du Code de l'Urbanisme qui donnent les détails sur l'autorisation de démolir et le certificat de démolition.

L'autorisation de démolir est un acte administratif, par lequel l'autorité compétente autorise la démolition d'une construction. **Elle s'impose à toute personne souhaitant démolir une construction pour laquelle elle dispose d'un titre de propriété.**

La demande est effectuée auprès des Services de l'Urbanisme ou de la collectivité locale du terrain d'assise. Elle doit présenter :

- Une demande d'autorisation signée par le propriétaire ou son mandataire
- Une copie du titre de propriété (titre foncier, permis d'occuper, bail ou droit de superficie)
- Un extrait du plan cadastral de la parcelle de terrain
- Un état des lieux du bâtiment
- La note indiquant l'utilisation actuelle de la construction à démolir, sa surface et les motifs de la démolition.

Une fois les travaux de démolition effectués, un certificat de démolition constate leur exécution.

SECTION 2 : ACHÈVEMENT DES TRAVAUX ET CERTIFICAT DE CONFORMITÉ VALANT PERMIS D'HABITABILITÉ

À la fin de travaux effectués, il est nécessaire, pour pouvoir habiter la construction, d'obtenir un certificat de conformité.

Ce certificat s'obtient par le dépôt d'une déclaration de fin de travaux certifiés conformes par le maître de l'ouvrage au service de l'urbanisme de la Mairie, du Conseil rural ou si nécessaire de l'État, dans les 30 jours suivants la fin desdits travaux.

Pour instruire cette demande, les services concernés peuvent effectuer les vérifications nécessaires sur la construction.

Si les travaux sont considérés comme conformes aux dispositions prévues par l'autorisation de construire, un certificat de conformité est délivré.

Le déclarant doit obtenir une réponse dans les 18 jours suivants la réception de cette déclaration. A défaut de réponse notifiée dans ce délai, il peut saisir par lettre recommandée avec avis de réception postal, l'autorité ayant accordé l'autorisation de construire ; copie de cette lettre est adressée au Ministre chargé de l'Urbanisme. La décision doit alors lui être notifiée dans le mois de cette saisine. À l'issue de ce dernier délai, si aucune décision n'est intervenue, le certificat de conformité est réputé accordé. Le Ministre chargé de l'Urbanisme ou le représentant de l'État délivre une attestation valant certificat de conformité.

Lorsque la déclaration des travaux n'a pas été effectuée dans le délai de trente jours, le recollement peut être effectué. S'il fait apparaître que les travaux n'ont pas été effectués conformément aux dispositions de l'autorisation de construire, l'intéressé est avisé que le certificat de conformité ne pourra lui être accordé et l'autorité compétente peut ordonner les modifications nécessaires

Pour aller plus loin, voir l'article 73 de la loi n° 2008-43 du 20 août 2008 portant partie législative du Code de l'Urbanisme et les articles R.369 à R.372 du Décret n° 2009-1450 du 30 décembre 2009 portant partie réglementaire du Code de l'Urbanisme.

CHAPITRE 2

LES DIFFÉRENTS CONTRATS ET ACTEURS DE L'OPÉRATION DE CONSTRUCTION

Comment pouvez-vous procéder en bref ?

Pour faire construire une maison individuelle sur un terrain, plusieurs solutions sont envisageables.

Il est tout d'abord possible de faire appel à un architecte qui établira le projet, puis de passer un contrat d'entreprise avec chaque corps de métier (maçon, menuisier, plombier, couvreur, etc.). Cette méthode traditionnelle, qui permet d'obtenir une maison personnalisée, est celle utilisée pour la réalisation de simples travaux. Toutefois, elle nécessite un investissement personnel important, notamment en temps (surveiller l'avancement du chantier, participer aux réunions de chantier, planifier l'intervention des différentes entreprises). Le maître de l'ouvrage, c'est-à-dire celui qui fait construire, peut se décharger de ces tâches en confiant cette mission à un architecte ou à une personne dénommée maître d'œuvre.

Il est également possible de s'adresser à un constructeur qui se chargera, selon un plan fourni par lui ou par un architecte, de la construction de toute la maison. Dans cette situation, la loi impose, selon le cas, la signature d'un contrat strictement réglementé : le contrat de construction d'une maison individuelle avec fourniture du plan.

SECTION 1 : LES DIFFÉRENTS ACTEURS DE L'OPÉRATION DE CONSTRUCTION

Qui peut être considéré comme constructeur ?

Le Code de la construction considère comme constructeur (**Article L13**) :

– Tout architecte, entrepreneur, ingénieur, technicien, bureau d'étude, bureau de contrôle technique ou autre personne intervenant dans la conception, la réalisation ou le contrôle de l'ouvrage et liée au maître de l'ouvrage par un contrat de louage d'ouvrage ou de service ;

– Toute personne qui, bien qu'agissant en qualité de mandataire du propriétaire de l'ouvrage, accomplit une mission identique à celle prévue par un contrat d'entreprise.

I. L'ENTREPRENEUR

Généralités

L'entrepreneur exerce une profession commerciale ou artisanale. Il peut agir en qualité de constructeur ou de promoteur et souscrire à ce titre un contrat de construction de maison individuelle ou un contrat de promotion immobilière qui s'ajoutera à sa fonction d'entrepreneur.

Il peut également endosser la qualité de maître d'œuvre si le recours à un architecte n'est pas obligatoire (voir ci-dessous) et s'il prend le relais d'un architecte qui n'a reçu qu'une mission partielle (en général, établissement des plans).

Souvent, l'entrepreneur est un opérateur, c'est-à-dire un constructeur qui participe à l'édification de l'ouvrage.

L'entrepreneur peut passer des marchés privés ou des marchés publics s'ils sont exécutés pour le compte d'une personne publique.

Pluralité d'entreprises

Il est rare qu'une entreprise puisse assurer seule l'ensemble des travaux : plusieurs corps d'état sont souvent nécessaires.

Le client appelé maître de l'ouvrage, peut :

- Soit contracter séparément avec les différentes entreprises. Les marchés portent alors sur des travaux distincts même si les différents entrepreneurs concourent à la réalisation du même ouvrage. Chaque contrat a son **autonomie** et les entreprises sont séparées et non groupées.

- Soit contracter avec un **groupement d'entreprises**. Dans ce cas, les différents entrepreneurs se rassemblent au sein d'un contrat précis et désignent parmi les différents entrepreneurs un mandataire commun qui sera l'interlocuteur du Maître de l'ouvrage. Le groupement n'a pas la personnalité morale, et ne constitue pas une société de fait : il n'y a ni partage des bénéfices, ni partage des pertes, mais a pour objet essentiel d'assurer une coordination du chantier.

Les engagements des constructeurs envers le maître de l'ouvrage sont en principe conjoints et non solidaires, sauf disposition contraire, la solidarité ne se présumant pas.

Sous-traitance

Enfin, le Maître de l'ouvrage peut confier à un seul entrepreneur l'exécution de l'ensemble des travaux avec possibilité pour ce dernier de passer des contrats de sous-traitance pour les lots qu'il n'exécute pas lui-même. L'entrepreneur principal est en général chargé du gros œuvre, et confie les autres postes à des sous-traitants (électricité, plomberie, raccordement, peinture)

Dans les rapports avec le sous-traitant, l'entrepreneur principal est assimilé à un maître d'ouvrage. Il lui appartient donc de régler les factures des sous-traitants. Néanmoins, si le client a accepté et signé les contrats de sous-traitance, les sous-traitants bénéficieront d'une action directe en paiement contre le client, à défaut de règlement de leur facture par l'entrepreneur principal après une mise en demeure infructueuse.

Dans leurs rapports internes, les sous-traitants et le client (maître de l'ouvrage) sont des tiers, puisque les sous-traitants ont contracté avec l'entrepreneur principal. Le client peut cependant engager la responsabilité du sous-traitant s'il estime que les travaux ne sont pas conformes en engageant sa responsabilité décennale ou à défaut de droit commun délictuelle sur le fondement des articles 118 et suivants du Code des Obligations Civiles et Commerciales (COCC) ce qui suppose une faute, un préjudice et un lien de causalité.

Inversement, le sous-traitant pourrait rechercher la responsabilité du client sur le fondement des articles 118 et suivants du COCC si ce dernier engage à son égard sa responsabilité délictuelle. Cette hypothèse reste rare.

Obligations de l'entrepreneur et du maître de l'ouvrage.

Pour les obligations de l'entrepreneur et du maître de l'ouvrage, il convient de se reporter à l'étude portant sur le marché de travaux ou contrat d'entreprise ci-dessous.

II. L'ARCHITECTE

L'intervention d'un architecte est-elle obligatoire ?

L'article R.45 du Décret n° 2010-99 du 27 janvier 2012 portant partie réglementaire du Code de la construction dispose : « La construction ou la modification de bâtiment dont la surface de plancher hors œuvre **n'excède pas 200 m²** est dispensée de l'obligation de recours à un architecte, à l'exception des établissements recevant du

Public, des bâtiments situés dans le périmètre d'une zone de rénovation, de restauration immobilière ou d'un secteur sauvegardé ».

Assistance architecturale

L'article R.45 du Code de la construction prévoit que « l'assistance architecturale est accordée à toute personne physique qui en fait la demande pour les constructions ou modifications de construction à usage d'habitation dont la superficie hors œuvre n'excède pas 150 m² ».

Quelles missions confier à l'architecte ?

Au-delà d'une simple mission de conception, l'architecte peut se voir confier, pour des travaux de construction, d'agrandissement ou de rénovation, une mission de maîtrise d'œuvre plus ou moins étendue.

- Avant-projet détaillé (APD) architectural

En fonction des renseignements fournis par celui qui fait construire (définition du projet, enveloppe financière disponible, délai d'exécution souhaité), les études d'esquisse ont pour objet de déterminer plusieurs solutions d'ensemble, tant sur le plan technique que sur le plan architectural, compatibles avec les contraintes du projet notamment financières et urbanistiques. Il établit en ce sens l'APD architectural.

- Établissement définitif du projet

À partir du projet d'ensemble retenu, l'architecte va préciser par divers plans et coupes la construction envisagée, son volume et sa surface, son aspect extérieur (plans des façades et aménagement des espaces extérieurs), l'implantation des équipements techniques. Il va rédiger, en accord avec celui qui fait construire, la notice descriptive définissant les matériaux qui seront utilisés. Il détermine le coût prévisionnel des travaux, à la fois pris dans leur ensemble et par corps d'état (maçon, plombier, menuisier, etc.) et le délai de réalisation de l'ouvrage.

- Assistance pour passation des marchés de travaux

Celui qui fait construire peut charger l'architecte d'une mission d'assistance pour la passation des marchés de travaux avec prises afin que celles-ci puissent proposer leur devis : plans, devis descriptif par corps d'état, aménagements nécessaires, puis met au point les contrats qui seront signés par lui qui fait construire et les entrepreneurs.

- Dossier de demande d'autorisation de construire

L'architecte est tenu de déposer le dossier de demande d'autorisation de construire auprès des services de l'Urbanisme du lieu de situation de l'immeuble.

- Direction des travaux

L'architecte peut être chargé de diriger et de surveiller les travaux ; Il s'occupe alors des demandes nécessaires à l'ouverture du chantier, règle les détails de chantier et en rédige les comptes rendus, vérifie l'avancement et la bonne exécution des travaux, contrôle les demandes des entrepreneurs en paiement des acomptes, informe celui qui fait construire des dépassements de délai et de prix. L'architecte joue donc un rôle d'intermédiaire entre celui qui fait construire et les entrepreneurs.

- Direction des travaux

L'architecte peut être chargé de diriger et de surveiller les travaux. Il s'occupe alors des demandes nécessaires à l'ouverture du chantier, règle les détails de chantier et en rédige les comptes rendus, vérifie l'avancement et la bonne exécution des travaux, contrôle les demandes des entrepreneurs en paiement des acomptes, informe celui qui fait construire des dépassements de délai et de prix. L'architecte joue donc un rôle d'intermédiaire entre celui qui fait construire et les entreprises.

- Assistance à la réception des travaux

La réception est l'acte par lequel celui qui fait construire déclarer accepter les travaux. Lorsqu'il est chargé d'une mission d'assistance à la réception, l'architecte doit inspecter les travaux, rédiger le procès-verbal de réception et surtout inviter celui qui fait construire à formuler des réserves pour tous les travaux mal réalisés ou non conformes au contrat. La mission de « l'architecte s'achève à la réception ou à la levée des réserves.

Le contrat d'architecte

Le contrat passé avec un architecte doit obligatoirement être écrit. Le contrat doit définir avec précision le contenu de la mission confiée (cette mission conditionne la responsabilité de l'architecte), la rémunération convenue entre les parties, les modalités de paiement, les délais qui seront imposés à l'architecte durant la phase de construction et pour la production des différents documents ainsi que les délais de réponse que devra respecter le maître d'ouvrage, et les assurances auxquelles architecte et maître de l'ouvrage sont tenus de souscrire. Une fois le contrat signé, l'architecte et le maître de l'ouvrage sont engagés. Il n'existe pas de délai de réflexion ou de rétractation permettant à l'un ou l'autre de revenir sur sa décision sans avoir à dédommager l'autre partie.

Obligation d'assurance pour l'architecte

Pour se prémunir contre les risques susceptibles d'engager leur responsabilité, les architectes et les entrepreneurs doivent souscrire des contrats d'assurance, à savoir :

- L'assurance tous risques de chantier pendant la construction et la maintenance du logement en cours d'édification
- L'assurance responsabilité civile décennale, après la finition et la réception du logement, à l'instar de l'entrepreneur (Article L28).

Astuce : Lorsque vous financez les honoraires d'architecte à l'aide d'un prêt qui n'a pas encore été obtenu à la date de signature du contrat d'architecte, précisez bien dans le contrat que celui-ci est conclu sous condition suspensive de l'obtention du financement. Si la banque vous refuse le prêt, le contrat sera censé n'avoir jamais existé et l'architecte devra rembourser la partie des honoraires déjà versée.

Obligation de conseil

Dans l'exercice de sa mission l'architecte est soumis à une obligation générale d'information et de conseil à l'égard du client (maître de l'ouvrage). En cas de non-respect de cette obligation, il risque de voir engagée sa responsabilité contractuelle. L'architecte doit ainsi, entre autres exemples, concevoir un projet réalisable tenant compte des servitudes dont bénéficie le voisin, attirer l'attention du maître de l'ouvrage sur les risques présentés par les travaux envisagés, l'informer des conséquences du non-respect des règles de l'art ou de la réglementation d'urbanisme. De même il peut être fautif lorsque les travaux ont pris du retard par rapport au planning prévu, cette faute peut être, par exemple, une réaction tardive face à la faillite de l'entrepreneur.

La faute présumée de l'architecte

Les articles 449 à 452 du Code des Obligations Civiles et Commerciales (COCC) abordent la question de la responsabilité de l'architecte.

Responsabilité des architectes et entrepreneurs (Article 449 COCC)

Les architectes et entrepreneurs répondent des fautes professionnelles et contractuelles commises dans la préparation et l'exécution des travaux immobiliers qui leur sont confiés par leurs clients. L'architecte, chargé de veiller à l'exécution du plan, est solidairement responsable avec l'entrepreneur des fautes de celui-ci.

Présomption de faute (Article 450 COCC)

Dans les travaux à forfait ou sur devis estimatif, la faute de l'architecte et de l'entrepreneur se présume lorsque l'édifice est détruit partiellement ou en totalité à la suite d'un vice du sol ou d'un vice de construction.

Durée de l'action (Article 451 COCC)

Quel que soit le travail effectué, l'action en responsabilité des architectes et entrepreneurs se prescrit pour les vices apparents un an après la réception, même provisoire, ou l'entrée dans les lieux.

La même action subsiste pour les vices cachés pendant dix ans à compter de la réception définitive pour l'ensemble de l'ouvrage.

Nullité des clauses de non-responsabilité (Article 452 COCC)

Sont nulles les clauses par lesquelles les architectes ~~S~~ ou les entrepreneurs écarteraient ou limiteraient leur responsabilité, ou encore réduiraient le temps pendant lequel elle peut être mise en jeu.

Ces règles s'appliquent également à la responsabilité des entrepreneurs.

III. Le promoteur immobilier

Le contrat de promotion immobilière est un mandat d'intérêt commun par lequel une personne dite « Promoteur immobilier » s'oblige envers le maître d'un ouvrage à faire procéder, pour un prix convenu, au moyen de contrats d'entreprise, à la réalisation d'un programme de construction d'un ou de plusieurs édifices ainsi qu'à procéder elle-même ou à faire procéder, moyennant une rémunération convenue, à tout ou partie des opérations juridiques, administratives et financières concourant au même objet.

Il s'agit donc d'une profession réglementée (Article L95 du Code de la Construction)

IV. Les sociétés de construction

Au terme de l'article R.101 du Code de la construction :

Les sociétés de construction demeurent régies, outre les dispositions les concernant reproduites à la partie législative :

– en ce qui concerne les sociétés civiles constituées en vue de la vente d'immeubles, par les articles R. 113 à R. 118 ;

– en ce qui concerne les sociétés constituées en vue de l'attribution d'immeubles aux associés par fractions divises, par les articles R. 119 à R. 134 ;

– en ce qui concerne les coopératives d'habitat et de construction, par les articles R. 135 à R. 151 ; 29

– toutes les sociétés de construction de bâtiments, suivant contrat d'entreprises, sont soumises aux dispositions du décret 83-856 du 10 mai 1983 portant qualification et classification des entreprises, entrepreneurs et artisans de bâtiments et des travaux publics

V. LE CONTRÔLEUR TECHNIQUE (ARTICLES L26 ET R.46 À R.52)

Définition Le contrôleur technique est une tierce partie indépendante des concepteurs et constructeurs. En ce sens, l'activité de contrôle technique prévue à la présente section est incompatible avec l'exercice de toute activité de conception, de maître d'œuvre, de maîtrise d'ouvrage délégué, d'exécution ou d'expertise judiciaire ou d'évacuation immobilière.

Si le maître de l'ouvrage ou son mandataire fait appel à plusieurs contrôleurs techniques, il désigne l'un d'eux pour coordonner l'ensemble des missions de contrôle.

Le contrôleur technique doit obligatoirement avoir reçu un agrément du Ministre chargé de la Construction. Cet agrément porte sur une ou plusieurs catégories de constructions ou d'équipements. Il est accordé pour une durée de trois ans renouvelable et peut être retiré par arrêté du Ministre chargé de la Construction en cas de manquement grave aux obligations professionnelles, de perte de droits civiques, de défaut d'assurance professionnelle, ou de perte de qualité requise pour les dirigeants de sociétés.

Les personnes et organismes agréés, les administrateurs ou gérants et le personnel de direction de ces organismes, ainsi que le personnel auquel il est fait appel pour les contrôles, doivent agir avec impartialité et n'avoir aucun lien de nature à porter atteinte à leur indépendance avec les personnes, organismes, sociétés ou entreprises qui exercent une activité de conception, d'exécution ou d'expertise dans le domaine de la construction.

Il existe au Sénégal de nombreux bureaux de contrôle nationaux ou internationaux.

Le contrôle technique est régi par les articles L 24 à L 27 de la Loi n° 2009-23 du 8 juillet 2009 portant partie législative du Code de la construction et par les articles R.46 à R.56 du décret n° 2010-99 du 27 janvier 2010 portant partie réglementaire du Code de la construction.

Le but du contrôle technique (Article L25)

Le contrôleur technique a pour mission de contribuer à la prévention des différents aléas techniques susceptibles d'être rencontrés dans la réalisation des ouvrages ainsi que pendant leur exploitation.

Il intervient à la demande du maître de l'ouvrage et donne son avis à ce dernier, aux assureurs et intervenants, sur les problèmes d'ordre technique. Cet avis porte notamment sur les problèmes qui concernent la solidité de l'ouvrage et la sécurité des personnes.

L'objet du contrôle technique (Article L24)

Le contrôle technique sur la faisabilité, la conception, l'exécution, la maintenance et l'état des ouvrages et fournitures dans le domaine de l'énergie, de l'immobilier et du génie civil, ne peut être effectué que par des personnes physiques ou morales préalablement agréées par décret pour l'exercice de cette activité.

Les constructions obligatoirement soumises au contrôle technique (Articles L27 et R.53)

Sont soumises obligatoirement au contrôle technique, les opérations de construction ayant pour objet la réalisation :

1. d'établissements recevant du public, au sens de l'article R.2
2. d'immeubles à rez-de-chaussée plus trois étages au moins.
3. de bâtiments à usage industriel et commercial ;
4. de bâtiments :

– comportant des éléments en porte à faux de portée supérieure à deux mètres ou de poutres ou arcs de portée supérieure à dix mètres ;

– comportant, par rapport au sol naturel, des parties enterrées de profondeur supérieure à cinq mètres ou des fondations de profondeur supérieure à dix mètres ;

– nécessitant des reprises en sous-œuvre ou des travaux de soutènement d'ouvrages voisins, sur une hauteur supérieure à cinq mètres.

Les services compétents de l'État doivent régulièrement veiller au suivi du respect des normes de sécurité et d'hygiène pour les établissements recevant du public.

L'objet du contrôle technique obligatoire (Article R.54)

Le contrôle technique obligatoire porte sur la solidité des ouvrages de viabilité, de fondation, d'ossature, de clos et de couvert et des éléments d'équipement qui font indissociablement corps avec ces ouvrages, ainsi que sur les conditions de sécurité des personnes évoluant dans les constructions.

À la demande du maître de l'ouvrage ou de son mandataire, le contrôle technique peut, en outre, porter sur tous autres éléments de la construction dont la réalisation est susceptible de présenter des aléas techniques particuliers contre lesquels le maître de l'ouvrage estime utile de se prémunir.

Le moment du contrôle technique obligatoire (Article R.55)

Au cours de la phase de conception, le contrôleur technique procède à l'examen critique de l'ensemble des dispositions techniques du projet. Pendant la période d'exécution des travaux, il s'assure notamment que les vérifications techniques qui incombent à chacun des constructeurs s'effectuent de manière satisfaisante.

SECTION 2 : LES DIFFÉRENTS CONTRATS DE CONSTRUCTION

I. LES CONTRATS AVEC LES ENTREPRENEURS : LE CONTRAT D'ENTREPRISE

Les contrats avec les entrepreneurs en matière immobilière sont abordés aux articles 434 à 453 du Code des Obligations Civiles et Commerciales.

Définition (Article 434)

Le contrat d'entreprise oblige l'entrepreneur à effectuer un travail pour le maître de l'ouvrage, sans créer entre les parties un lien de subordination.

A/ OBLIGATIONS DE L'ENTREPRENEUR

Concernant le travail à effectuer (Article 435)

L'entrepreneur doit apporter à l'exécution du travail tous les soins d'un bon père de famille, en se conformant aux stipulations du contrat.

Il répond dans les mêmes conditions de vices de fabrication que les données acquises de la science et de la technique permettent d'éviter.

Il doit fournir, sauf convention ou usage contraire, les moyens d'exécution de l'ouvrage.

Concernant les matériaux (Article 436)

L'entrepreneur peut fournir, en dehors de son travail, la matière de l'objet à fabriquer.

Tenu de la même garantie que le vendeur, il est également responsable de la bonne qualité des matériaux fournis, d'après la nature de l'ouvrage entrepris.

Concernant la livraison (Article 437)

Obligé d'exécuter l'ouvrage dans le délai fixé par la convention ou les usages, l'entrepreneur doit, après achèvement, livrer la chose au maître de l'ouvrage (appelé maître de l'œuvre dans le Code des Obligations civiles et commerciales).

La délivrance vaut transfert de la propriété pour la matière fournie par l'entrepreneur qui supporte les risques de perte de la chose durant l'exécution du contrat.

La délivrance opère restitution de la matière fournie par le maître de l'œuvre. L'entrepreneur est responsable de la perte de la matière durant l'exécution du contrat. S'il y a cas fortuit, le maître de l'œuvre est délié de ses obligations.

Inexécution des obligations de l'entrepreneur (Article 438)

En cas d'exécution partielle ou défectueuse, le juge peut ordonner que l'ouvrage soit laissé pour compte au maître de l'ouvrage, du chef des dommages et intérêts qui lui sont dus.

B/ Obligations du maître de l'ouvrage (le client)

Concernant les matériaux (Article 439)

S'il fournit la matière de l'objet à fabriquer, le maître de l'ouvrage doit procurer à l'entrepreneur des matériaux de bonne qualité propres au travail à effectuer.

Concernant le prix (Article 440)

Le prix est payable lors de la délivrance.

Si des livraisons successives ont été prévues, le prix afférent à chaque partie de l'ouvrage est exigible lors des différentes livraisons.

Marché à forfait (Article 448)

En matière de travaux immobiliers, le contrat d'entreprise n'est à forfait que si le maître de l'ouvrage a fait établir un devis descriptif ou arrêter un plan, en fixant le prix du travail à effectuer pour leur réalisation.

Toute modification du marché doit être convenue dans les mêmes formes que le contrat primitif et suivant un prix fixé à l'avance.

L'inobservation de cette règle rend irrecevable toute demande d'augmentation du prix pour modification du projet ou augmentation des frais d'exécution de l'ouvrage.

Marché sur devis (Article 442)

Dans le marché sur devis, l'estimation, article par article, permet de fixer le prix global lors de l'achèvement des travaux, en tenant compte de ceux qui ont été réellement accomplis.

Prix non fixé dans le contrat (Article 443)

Lorsque le prix n'a pas été fixé d'avance ou ne l'a été qu'approximativement, la rémunération de l'entrepreneur est déterminée par les usages et, à défaut, par l'importance du travail et des dépenses de l'entrepreneur.

Réception de l'ouvrage (Article 444)

Après la livraison et dans les délais d'usage, le maître de l'œuvre doit en vérifier l'état et en signaler les défauts à l'entrepreneur.

La réception de l'ouvrage vaut, pour les vices apparents, renonciation à mettre en cause la responsabilité de l'entrepreneur.

Cette responsabilité subsiste pour les vices cachés, que la matière ait été ou non fournie par le maître de l'œuvre, à condition que celui-ci intente l'action dans un bref délai après la révélation de vice.

C/ CESSATION DU CONTRAT ET MODIFICATION DES CONDITIONS D'EXÉCUTION

Résiliation unilatérale (Article 445)

Tant que l'ouvrage n'est pas terminé, le maître de l'ouvrage peut toujours se départir du contrat en payant le travail fait et en indemnisant complètement l'entrepreneur.

Mort de l'entrepreneur (Article 446)

Lorsqu'il a été conclu en considération de la personne de l'entrepreneur, le contrat prend fin au décès de celui-ci.

Le maître de l'ouvrage est tenu de payer le prix du travail effectué et des matériaux utilisés par l'entrepreneur qui les a fournis.

Cession de contrat et sous-entreprise (Article 447)

Lorsque le contrat n'a pas été conclu en considération de la personne de l'entrepreneur, celui-ci peut céder son marché ou se substituer en un ou plusieurs sous-entrepreneurs.

L'entrepreneur demeure seul responsable de l'exécution du marché, sauf agrément donné par le maître de l'ouvrage à la cession du contrat.

D/ RESPONSABILITÉS DES ENTREPRENEURS ET DU MAÎTRE DE L'ŒUVRE

Responsabilité des architectes et entrepreneurs (Article 449)

Les architectes et entrepreneurs répondent des fautes professionnelles et contractuelles commises dans la préparation et l'exécution des travaux immobiliers qui leur sont confiés par leurs clients.

L'architecte, chargé de veiller à l'exécution du plan, est solidairement responsable avec l'entrepreneur des fautes de celui-ci.

Présomption de faute (Article 450)

Dans les travaux à forfait ou sur devis estimatif, la faute de l'architecte et de l'entrepreneur se présume lorsque l'édifice est détruit partiellement ou en totalité à la suite d'un vice du sol ou d'un vice de construction.

Durée de l'action (Article 451)

Quel que soit le travail effectué, l'action en responsabilité des architectes et entrepreneurs se prescrit pour les vices apparents un an après la réception, même provisoire, ou l'entrée dans les lieux.

La même action subsiste pour les vices cachés pendant dix ans à compter de la réception définitive pour l'ensemble de l'ouvrage.

Nullité des clauses de non-responsabilité (Article 452)

Sont nulles les clauses par lesquelles les architectes ou entrepreneurs écarteraient ou limiteraient leur responsabilité, ou encore réduiraient le temps pendant lequel elle peut être mise en jeu.

Action directe contre le maître de l'œuvre (Article 453)

Les maçons, charpentiers et autres ouvriers, employés dans une entreprise de travaux immobiliers, ont une action directe contre le maître de l'œuvre pour le paiement de leur salaire.

II. LE CONTRAT DE CONSTRUCTION D'UNE MAISON INDIVIDUELLE

La construction d'une maison individuelle est abordée par les articles L106 à L112 de la Loi 2009-23 du 8 juillet 2009 portant partie législative du Code de la construction et par les articles R.156 à R.167 du Décret n° 2010/99 du 27 janvier 2010.

A/ LE CONTRAT

Dans quel cas signer le contrat ? (Article L106)

Toute personne qui se charge de la construction d'un immeuble à usage d'habitation ou d'un immeuble à usage professionnel et d'habitation **ne comportant pas plus de deux logements destinés au même maître de l'ouvrage** doit conclure avec le maître de l'ouvrage un contrat soumis aux dispositions de l'article L108. Cette obligation est également imposée :

a) à toute personne qui se charge de la construction d'un tel immeuble à la suite d'un démarchage à domicile ou d'une publicité faits pour le compte de cette personne ;

b) à toute personne qui réalise une partie des travaux de construction d'un tel immeuble, pour son compte, au moyen des procédés visés à l'alinéa précédent.

Cette personne est dénommée constructeur au sens du présent chapitre

Et est réputée constructeur de l'ouvrage au sens de l'article L13.

Que doit préciser le contrat ? Articles L107 et R.157)

Il est satisfait aux obligations prévues à l'article L. 106 par les énonciations suivantes portées au contrat :

1. en ce qui concerne la désignation du terrain : sa situation avec l'indication de son adresse ou lieudit ainsi que sa surface et sa désignation cadastrale ;

2. en ce qui concerne le titre de propriété ou les droits réels permettant de construire : la nature des droits, la nature du titre, sa date, l'indication des nom et adresse du rédacteur de l'acte.

Le contrat visé à l'article L106 doit comporter les énonciations suivantes :

a) la désignation du terrain destiné à l'implantation de la construction et la mention du titre de propriété du maître de l'ouvrage ou des droits réels lui permettant de construire ;

b) l'affirmation de la conformité du projet aux règles de construction prescrites en application du présent code, notamment de son livre Ier et du Code de l'Urbanisme ;

c) la consistance et les caractéristiques techniques du bâtiment à construire comportant tous les travaux d'adaptation au sol, les raccordements aux réseaux divers, s'il y a lieu, et tous les travaux d'équipement intérieur ou extérieur indispensables à l'implantation et à l'utilisation de l'immeuble ;

d) le coût du bâtiment à construire, égal à la somme du prix convenu et, s'il y a lieu, du coût des travaux dont le maître de l'ouvrage se réserve l'exécution en précisant :

– d'une part, le prix convenu qui est forfaitaire et définitif, sous réserve, s'il y a lieu, de sa révision dans les conditions et limites convenues, et qui comporte la rémunération de tout ce qui est à la charge du constructeur, y compris le coût de la garantie de livraison ;

– d'autre part, le coût des travaux dont le maître de l'ouvrage se réserve l'exécution, ceux-ci étant décrits et chiffrés par le constructeur et faisant l'objet, de la part du maître de l'ouvrage, d'une clause manuscrite spécifique et paraphée par laquelle il en accepte le coût et la charge ;

e) les modalités de règlement en fonction de l'état d'avancement des travaux ;

f) l'indication que le maître de l'ouvrage pourra se faire assister par un professionnel habilité en application des articles L22 et suivants lors de la réception ou par tout autre professionnel de la construction titulaire d'un contrat d'assurance couvrant les responsabilités pour ce type de mission ;

g) l'indication de l'obtention du permis de construire et des autres autorisations administratives, dont une copie est annexée au contrat ;

h) la date d'ouverture du chantier, le délai d'exécution des travaux et les pénalités prévues en cas de retard de livraison ;

i) la référence de l'assurance de dommages souscrite par le maître de l'ouvrage ou le constructeur ;

Les conditions suspensives légales

Le contrat peut, lorsque certaines mentions devant y figurer ne peuvent être complétées, être conclu sous la condition suspensive de leurs réalisations. Le contrat doit alors prévoir le délai maximum de réalisation de ces conditions. Si ces conditions ne se réalisent pas dans le délai imparti, alors le contrat sera considéré comme n'ayant jamais existé et le dépôt de garantie éventuellement versé à la signature devra être restitué.

Exemples de conditions suspensives :

- Obtention d'une autorisation de construire
- Obtention du prêt demandé pour réaliser la construction

Les clauses abusives (Article L108)

Dans le contrat visé à l'article L107, sont réputées non écrites les clauses ayant pour objet ou pour effet :

a) d'admettre comme valant autorisation administrative un permis de construire assorti de prescriptions techniques ou architecturales telles qu'elles entraînent une modification substantielle du projet ayant donné lieu à la conclusion du contrat initial ;

b) de décharger le constructeur de son obligation d'exécuter les travaux dans les délais prévus par le contrat en prévoyant notamment des causes légitimes de retard autres que les intempéries, les cas de force majeure et les cas fortuits ;

c) de subordonner la remise des clefs au paiement intégral du prix et faire ainsi obstacle au droit du maître de l'ouvrage de consigner les sommes restant dues lorsque des réserves sont faites à la réception des travaux ;

d) d'interdire au maître de l'ouvrage la possibilité de visiter le chantier, préalablement à chaque échéance des paiements et à la réception des travaux.

Les pièces annexées au contrat (Articles R.158 et R.159)

En application de l'article L. 108, à tout contrat, qu'il soit ou non assorti de conditions suspensives, doit être joint le plan de la construction à édifier, précisant les travaux d'adaptation au sol, les coupes et élévations, les cotes utiles et l'indication des surfaces de chacune des pièces, des dégagements et des dépendances. Le plan indique en outre les raccordements aux réseaux divers décrits à la notice prévue à l'article R. 231-4 et les éléments d'équipement intérieur ou extérieur qui sont indispensables à l'implantation, à l'utilisation et à l'habitation de l'immeuble.

Est aussi annexée au contrat visé à l'article L. 108 une notice descriptive indiquant les caractéristiques techniques tant de l'immeuble lui-même que des travaux d'équipement intérieur ou extérieur qui sont indispensables à l'implantation et à l'utilisation de l'immeuble.

Cette notice fait la distinction prévue à l'article L. 108 entre ces éléments selon que ceux-ci sont ou non compris dans le prix convenu. Elle indique le coût de ceux desdits éléments dont le coût n'est pas compris dans le prix.

La notice mentionne les raccordements de l'immeuble à l'égout éventuellement et aux distributions assurées par les services publics, notamment aux distributions d'eau, de téléphone, ou d'électricité, en distinguant ceux qui sont inclus dans le prix et, s'il y a lieu, ceux dont le coût reste à la charge du maître de l'ouvrage.

La notice doit porter, de la main du maître de l'ouvrage, une mention signée par laquelle celui-ci précise et accepte le coût des travaux à sa charge qui ne sont pas compris dans le prix convenu.

B/ LE PRIX DE LA MAISON ET SON PAIEMENT

Quel sera le coût total de la maison et que comprend le prix convenu ? (Article L107)

Le contrat de construction d'une maison individuelle doit nécessairement comprendre le coût du bâtiment à construire correspondant à la somme du prix convenu et, s'il y a lieu, du coût des travaux dont le maître d'ouvrage se réserve l'exécution.

Plus précisément, le contrat doit obligatoirement comprendre le prix convenu et si nécessaire les conditions et limites de la révision de ce prix. Ce prix doit également inclure la garantie de livraison. Par ailleurs, si le maître d'ouvrage s'est réservé l'exécution de certains travaux, ceux-ci doivent être chiffrés par le constructeur. Le contrat devra, dans cette hypothèse, comprendre une clause manuscrite spécifique paraphée par laquelle le maître d'ouvrage accepte le coût et la charge des travaux non pris en charge par le constructeur

L'exigibilité des paiements (Article R.161)

Le pourcentage maximum du prix convenu, exigible aux différents stades de la construction d'après l'état d'avancement des travaux, est fixé, par application des dispositions de l'article, de la manière suivante :

– quinze pour cent à l'ouverture du chantier, pourcentage incluant éventuellement celui du dépôt de garantie ;

– vingt-cinq pour cent à l'achèvement des fondations ;

– quarante pour cent à l'achèvement des murs ;

– soixante pour cent à la mise hors d'eau ;

– soixante-quinze pour cent à l'achèvement des cloisons et à la mise hors d'air ;

– quatre-vingt-quinze pour cent à l'achèvement des travaux d'équipement, de plomberie, de menuiserie.

Le solde du prix est payable dans les conditions suivantes :

1. Lorsque le maître de l'ouvrage se fait assister, lors de la réception, par un professionnel mentionné à l'article L. 108, à la levée des réserves qui ont été formulées à la réception ou, si aucune réserve n'a été formulée, à l'issue de la réception ;

2. Lorsque le maître de l'ouvrage ne se fait pas assister par un professionnel pour la réception, dans les huit jours qui suivent la remise des clés consécutive à la réception, si aucune réserve n'a été formulée, ou, si des réserves ont été formulées, à la levée de celles-ci.

Dans le cas où des réserves sont formulées, une somme au plus égale à 5 p. 100 du prix convenu est, jusqu'à la levée des réserves, consignée entre les mains d'un consignataire accepté par les deux parties ou, à défaut, désigné par le Président de la juridiction compétente.

Le prix convenu est-il révisable ? (Articles L109 et L112)

Dans le cas prévu à l'article L108, le constructeur est tenu d'exécuter ou de faire exécuter les travaux dont le maître de l'ouvrage s'est réservé l'exécution aux prix et conditions mentionnés au contrat si le maître de l'ouvrage lui en fait la demande dans les quatre mois qui suivent la signature du contrat.

Au cas où le contrat définit à l'article L 106 prévoit la révision du prix, celle-ci ne peut être calculée qu'en fonction de la variation de l'indice des différents corps d'état du bâtiment publié par le Bulletin de la Commission d'Officialisation des Prix (B.C.O.P), mesurant l'évolution du coût des facteurs de production dans le bâtiment.

Que doit-on payer avant l'ouverture du chantier ? (Article R.162)

- Le dépôt de garantie

Lorsque le contrat n'a pas stipulé un dépôt de garantie, il prévoit un paiement n'excédant pas cinq pour cent du prix convenu de la construction au jour de la signature ainsi qu'un paiement n'excédant pas cinq pour cent dudit prix à la délivrance du permis de construire. En ce cas, une attestation de garantie de remboursement est annexée au contrat.

La garantie de remboursement est constituée par une caution solidaire donnée par un établissement de crédit ou une entreprise d'assurance agréée à cet effet.

La garantie est donnée :

1. pour le cas où le contrat ne peut être exécuté faute de réalisation des conditions suspensives dans le délai prévu ;

2. pour le cas où le chantier n'est pas ouvert à la date convenue ;

3. pour le cas où le maître de l'ouvrage exerce la faculté de rétractation prévue à l'article L. 137.

Cette garantie prend fin à la date d'ouverture du chantier.

L'obligation d'information de l'organisme garant (Articles L 111, R.163 et R166)

Aucun prêteur ne peut émettre une offre de prêt sans avoir vérifié que le contrat comporte celles des énonciations mentionnées à l'article L108 qui doivent y figurer au moment où l'acte lui est transmis et ne peut débloquer les fonds s'il n'a pas communication de l'attestation de garantie de livraison.

Dans le cas de défaillance du constructeur, le prêteur est responsable des conséquences préjudiciables d'un versement excédant le pourcentage maximum du prix total exigible aux différents stades de la construction d'après l'état d'avancement des travaux dès lors que ce versement résulte de l'exécution d'une clause irrégulière du contrat.

La copie des contrats de sous-traitance est adressée à l'établissement garant dans les huit jours de la signature de ces contrats.

La déclaration d'ouverture du chantier est notifiée par le constructeur à l'établissement garant.

C/ LA GARANTIE DE LIVRAISON (ARTICLE L110)

Dans un contrat de construction d'une maison individuelle le constructeur doit souscrire une garantie de livraison. Cette garantie est destinée à couvrir le maître de l'ouvrage contre les risques d'inexécution ou de mauvaise exécution des travaux entraînant un dépassement du prix ou des délais prévus au contrat.

La garantie prend effet à compter de la date de la déclaration d'ouverture du chantier (elle doit être notifiée au garant – article R163 du Code de la construction) –. Elle prend fin à la réception des travaux constatée par écrit lorsque le maître de l'ouvrage s'est fait assister d'un professionnel ou, en l'absence d'assistance d'un professionnel, à l'expiration du délai de huit jours suivant cette réception. Lorsque des réserves ont été formulées à la réception, ou notifiées dans les huit jours, la garantie ne prend fin qu'à la levée des réserves. Mais attention, s'agissant de la prise en charge des pénalités de retard, la garantie cesse à la livraison, laquelle peut résulter de la réception, même avec des réserves.

D/ LA RÉCEPTION DE LA MAISON (ARTICLE L110)

Lorsque les travaux sont achevés, le constructeur et le maître de l'ouvrage doivent procéder à leur réception. Matériellement, la réception consiste en une visite approfondie des lieux en compagnie du constructeur suivie de la rédaction d'un procès-verbal de réception. C'est la date de cette réception qui marque le point de départ des garanties légales des constructeurs.

La réception constitue une étape très importante de l'opération de construction. En effet, tous les défauts de conformité avec le contrat et toutes les malfaçons qui seront apparents au jour de cette réception et qui ne seront pas écrits dans le procès-verbal de réception, seront considérés comme acceptés par le maître de l'ouvrage. L'absence de réserve empêche le maître de l'ouvrage d'obtenir réparation des désordres apparents.

Lorsque le maître de l'ouvrage ne se fait pas assister d'un professionnel pour la réception, il dispose d'un délai de 8 jours à partir de la réception pour dénoncer les vices apparents qu'il n'avait pas signalés lors de la réception.

E/ Le retard dans la livraison de la maison (Articles R.165 et R.167)

Dans le cas où il a été constaté que le délai de livraison n'est pas respecté ou que les travaux nécessaires à la levée des réserves formulées à la réception ne sont pas réalisés, le constructeur est mis en demeure sans délai soit de livrer l'immeuble, soit d'exécuter les travaux.

En cas de retard de livraison, les pénalités prévues ne peuvent être fixées à un montant inférieur à 1/5000e du prix convenu par jour de retard.

Le contrat peut prévoir à la charge du maître de l'ouvrage une pénalité pour retard de paiement. Toutefois, le taux de celle-ci ne peut excéder un pour cent par mois calculé sur les sommes non réglées si la pénalité pour retard de livraison est limitée à 1/5000e du prix par jour de retard.

III. La promotion immobilière

La promotion immobilière est régie par les articles L95 à L105 de la Loi n° 2009-23 du 8 juillet 2009 portant partie législative du Code de la construction et par les articles R.141 à R.155 du décret n° 2010-99 du 27 janvier 2010 portant partie réglementaire du Code de la construction.

A/Les dispositions générales en matière de promotion immobilière

Le promoteur comme garant (Article L95)

Le promoteur est garant de l'exécution des obligations mises à la charge des personnes avec lesquelles il a traité au nom du maître de l'ouvrage. Si le promoteur s'engage à exécuter lui-même partie des opérations du programme, il est tenu, quant à ces opérations, des obligations d'un entrepreneur. Il est tenu des obligations en matière de responsabilité décennale et de bon fonctionnement. Il ne peut se libérer de ces obligations par une clause limitative ou exclusive de responsabilité.

Le pouvoir du promoteur au nom du maître de l'ouvrage (Article L96)

Le contrat de promotion immobilière emporte pouvoir pour le promoteur de conclure les contrats, recevoir les travaux, liquider les marchés et généralement celui d'accomplir, à concurrence du prix global convenu, au nom du maître de l'ouvrage, tous les actes qu'exige la réalisation du programme.

Les actes passés par le promoteur ne sont imputables au maître de l'ouvrage qu'en vertu d'un mandat spécial, antérieur ou postérieur. Le maître de l'ouvrage est donc directement engagé par les actes passés en son nom par le promoteur faisant l'objet d'un mandant précis.

La cession du contrat de promotion (Article L97)

Le maître de l'ouvrage peut céder les droits qu'il a sur celui-ci. L'acquéreur est alors substitué de plein droit dans l'ensemble du contrat et dans les mandats spéciaux donnés au promoteur. Partant, l'acquéreur devient responsable des obligations pesant sur le maître de l'ouvrage initial.

L'opposabilité du contrat de promotion immobilière (Article L97)

Le contrat n'est opposable aux tiers que s'il est annoncé dans le dossier de demande d'agrément du programme de promotion.

La fin du contrat (Articles L98 et L99)

La mission du promoteur ne s'achève à la livraison de l'ouvrage que si les comptes de construction ont été définitivement arrêtés entre le maître de l'ouvrage et le promoteur, le tout sans préjudice des actions en responsabilité qui peuvent appartenir au maître de l'ouvrage contre le promoteur.

Par ailleurs, le règlement judiciaire ou la liquidation des biens n'entraîne pas de plein droit la résiliation du contrat de promotion immobilière. Toute stipulation contraire est réputée non écrite.

B/ LES DISPOSITIONS PARTICULIÈRES AU CONTRAT DE PROMOTION IMMOBILIÈRE POUR LA CONSTRUCTION D'IMMEUBLE À USAGE D'HABITATION OU À USAGE D'HABITATION ET PROFESSIONNEL

Application des dispositions communes au contrat de promotion d'un immeuble à usage d'habitation ou à usage d'habitation et professionnel (Article L100)

Tout contrat par lequel une personne s'oblige envers le maître de l'ouvrage à faire procéder à la construction d'un immeuble d'habitation ou d'un immeuble à usage professionnel et d'habitation, en une qualité autre que celle de vendeur, est soumis aux dispositions générales précitées. Cela n'est obligatoire que lorsque le maître de l'ouvrage construit est soit une personne qui construit un ou plusieurs immeubles en vue de la vente, soit une société faisant construire plus de deux locaux à usage professionnel ou d'habitation et n'étant pas une société constituée en vue de l'attribution d'immeubles aux associés par fractions divises ou une coopérative d'habitat et de construction.

Cause d'option de contrat de promotion immobilière (Article L101)

Lorsque les sociétés civiles constituées en vue de la vente d'immeubles, les sociétés constituées en vue de l'attribution d'immeubles aux associés par fractions divises et les coopératives d'habitat et de construction n'acquièrent qu'une fraction de terrain et qu'elles s'engagent à bâtir à leurs frais sur la fraction du terrain gardée par le vendeur des constructions, elles ne sont pas tenues de passer avec lui un contrat de promotion immobilière.

Dans ce cas, les obligations contractées par la société à l'égard du vendeur sont garanties par la personne avec laquelle la société a conclu un contrat de promotion ou, s'il y a lieu, par son représentant légal ou statutaire assumant les obligations du promoteur.

Le contenu du contrat de promotion immobilière (Articles L102, R.141, R.143 et R.147)

Le contrat de promotion immobilière, nécessairement écrit dans un ou plusieurs actes, doit contenir, sous peine de nullité, les énonciations suivantes :

- la situation et la contenance du terrain sur lequel doit être édifié le bâtiment ;
- la consistance et les caractéristiques techniques du bâtiment à construire ;
- les devis descriptifs et les conditions d'exécution techniques des travaux ;
- le prix convenu ainsi que les limites et conditions dans lesquelles la révision du prix peut intervenir. Si un poste pour imprévu est inclus dans le prix et si le contrat ne subordonne pas l'utilisation des sommes correspondantes à un accord préalable du maître de l'ouvrage, le promoteur doit, en fin d'opération, restituer à ce dernier la totalité des sommes qui auraient été appelées et dont il ne peut pas justifier avoir eu besoin pour exécuter sa mission. La révision du prix, lorsqu'elle est prévue par contrat doit être calculée en fonction de l'indice des

différents corps d'état du bâtiment publié dans le Bulletin de la Commission d'Officialisation des Prix (BCOP).

- les moyens et conditions de financement et les modalités de règlement à mesure de l'avancement des travaux ;
- la rémunération du promoteur pour ses soins, peines et débours
- le délai dans lequel le bâtiment doit être édifié ;
- la garantie apportée par le promoteur pour la bonne exécution de sa mission (sauf pour les organismes d'habitations à loyer modéré et les sociétés d'économie mixte dont le capital appartient pour plus de moitié à des personnes de droit public quand ils agissent comme promoteurs liés par un contrat de promotion immobilière) ;
- en annexe, les plans, coupes et élévations avec les cotes utiles des bâtiments, réseaux divers et aménagements extérieurs et intérieurs.

La nullité du contrat de promotion immobilière (Article L102)

En l'absence des mentions obligatoires au contrat de promotion immobilière, ce contrat sera considéré comme nul. Cette nullité ne pourra être demandée que par le maître de l'ouvrage et avant la fin des travaux. Elle entraîne l'impossibilité d'opposer au maître de l'ouvrage les contrats conclus pour son compte par le promoteur.

La distinction entre le contrat relatif aux études préliminaires et le contrat de promotion immobilière (Articles L102 et R.145)

Lorsqu'il existe un contrat particulier dont l'objet est limité aux études préliminaires, ce contrat n'est pas soumis aux règles du contrat de promotion immobilière.

Lorsqu'un contrat de promotion immobilière fait suite à un contrat particulier d'études préliminaires, les dispositions du contrat particulier ne sont pas obligatoirement reprises dans le contrat de promotion immobilière.

Les deux contrats sont alors passés, exécutés et réglés selon leurs règles propres indépendamment l'un de l'autre.

Les travaux nécessaires aux études préliminaires peuvent être effectués avant la signature du contrat de promotion immobilière.

Le début des travaux conditionné à la signature du contrat (Article L102)

Aucun travail matériel, hormis ceux nécessaires aux études préliminaires, ne peut être effectué sur le terrain avant la signature des actes concernant toutes les opérations à réaliser.

La garantie de prise en charge de l'excédent du prix (Articles R.150 R.151)

Le promoteur a l'obligation, en vertu de son engagement de bonne exécution du contrat, de prendre en charge les sommes excédant le prix convenu pour la réalisation de l'ouvrage tel qu'il est prévu au contrat.

Cette obligation doit être garantie par une banque, un établissement financier habilité, une entreprise d'assurance agréée à cet effet ou une société de caution mutuelle constituée conformément aux dispositions réglementaires en vigueur.

La garantie prend la forme :

– soit d'une convention aux termes de laquelle la caution s'oblige, solidairement avec le promoteur, envers le maître de l'ouvrage, à payer lesdites sommes ;

– soit d'une ouverture de crédit par laquelle celui qui l'a consentie s'oblige à avancer au promoteur ou à payer pour son compte les sommes définies ci-dessus. Cette convention doit stipuler au profit du maître de l'ouvrage le droit d'en exiger l'exécution. Dans ce cas, le contrat de promotion immobilière peut prévoir que les règlements effectués par le maître d'ouvrage ou pour son compte sont établis à l'ordre de la personne ayant consenti l'ouverture de crédit.

Si le promoteur est couvert contre les conséquences pécuniaires de la responsabilité civile professionnelle qu'il peut encourir en raison de son activité, par un contrat souscrit par lui auprès d'une société d'assurances ou d'un assureur agréé, le garant n'est tenu à l'égard du maître de l'ouvrage que des dépassements du prix convenu excédant 5 % du prix. Ce montant, cumulé avec celui du poste pour imprévu ne peut dépasser 10 % du prix convenu.

Le retard dans le paiement du prix (Articles L103 et R.153)

Le contrat de promotion immobilière peut prévoir des clauses de résolution de plein droit au bénéfice du promoteur relatives à l'obligation des versements à la charge du maître de l'ouvrage. Elles ne produisent d'effets, même en cas de stipulations contraires au contrat, qu'un mois après mise en demeure de payer restée infructueuse. Un délai de paiement peut être demandé durant ce délai d'un mois.

L'indemnisation du promoteur par le maître de l'ouvrage (Article R.153)

Le maître de l'ouvrage est tenu d'indemniser le promoteur pour les dépassements du prix convenu résultant de son fait, et notamment de retards dans le règlement du prix et des délais de paiement qui lui auraient été accordés. Le contrat peut prévoir une indemnisation forfaitaire du promoteur pour les retards de paiement.

Les différentes étapes de l'exigibilité du prix (R.149)

Avant la signature du contrat, le promoteur ne peut exiger ni même accepter du maître de l'ouvrage aucun versement, aucun dépôt, aucune souscription ni acceptation d'effets de commerce. Aucun paiement ne peut non plus être exigé ni accepté avant la date à laquelle la créance est exigible.

Les paiements ne peuvent excéder au total :

– dix pour cent de la rémunération à la signature du contrat de promotion immobilière dans le cas où les études préliminaires ont fait l'objet d'un contrat distinct du contrat de promotion immobilière ;

– vingt-cinq pour cent dans le cas contraire ;

– cinquante pour cent à la mise hors d'eau ;

– soixante-dix pour cent à l'achèvement des travaux d'équipement, de plomberie, de menuiserie ;

– quatre-vingt-dix pour cent à la livraison du bâtiment au maître de l'ouvrage.

Le solde est consigné par le maître de l'ouvrage lors de la livraison, à moins que le promoteur ne fournisse pour un montant égal la caution personnelle d'un organisme compétent. Il est payable à l'achèvement de la mission du promoteur.

IV. BAUX À CONSTRUCTION ET RÉHABILITATION

Les baux à construction et réhabilitation sont régis par les articles L113 à L121 de la Loi n° 2009-23 du 8 juillet 2009 portant partie législative du Code de la construction et par l'article R.168 du Décret n° 2010-99 du 27 janvier 2010 portant partie réglementaire du Code de la construction.

A/ LE BAIL À CONSTRUCTION

Définition (Article L113)

Constitue un bail à construction le bail par lequel le preneur s'engage, à titre principal, à édifier des constructions sur le terrain du bailleur et à les conserver en bon état d'entretien pendant toute la durée du bail. Le bail à construction est consenti par celui ou ceux qui ont le droit d'aliéner et dans les mêmes conditions et formes.

La propriété résultant du bail (L114)

Les parties conviennent de leurs droits respectifs de propriété sur les constructions existantes et sur les constructions édifiées. A défaut d'une telle convention, le bailleur en devient propriétaire en fin de bail et profite des améliorations.

Le droit réel conféré au preneur (Article L115)

Le bail à construction confère au preneur un droit réel immobilier. Ce droit peut être hypothéqué, de même que les constructions édifiées sur le terrain loué, il peut être saisi dans les formes prescrites pour la saisie immobilière.

La possibilité pour le preneur de céder le bail (Article L115)

Le preneur peut céder tout ou partie de ses droits ou les apporter en société. Les cessionnaires ou la société sont tenus des mêmes obligations que le cédant qui en reste garant jusqu'à l'achèvement de l'ensemble des constructions que le preneur s'est engagé à édifier.

Le preneur peut consentir les servitudes passives indispensables à la réalisation des constructions prévues au bail.

Les obligations du preneur (Article L116)

Le preneur est tenu de toutes les charges, taxes et impôts relatifs tant aux constructions qu'au terrain.

Il est tenu du maintien des constructions en bon état d'entretien et des réparations de toute nature. Il n'est pas obligé de reconstruire les bâtiments s'ils ont péri par cas fortuit ou force majeure ou, s'agissant des bâtiments existant au moment de la passation du bail, par un vice de construction antérieur audit bail. Il répond de l'incendie des bâtiments existants et de ceux qu'il a édifiés.

Sauf stipulation contraire du bail, il peut démolir, en vue de les reconstruire, les bâtiments existants.

L'extinction des droits et opérations attachés au bail à son expiration (Article L117)

Les servitudes passives n'étant pas indispensables à la réalisation des constructions prévues au bail, privilèges, hypothèques ou autres charges nées du chef du preneur et, notamment, les baux et titres d'occupation de toute nature portant sur les constructions, s'éteignent à l'expiration du bail.

Toutefois, si le bail prend fin par résiliation judiciaire ou amiable, les privilèges et hypothèques ci-dessus mentionnés et inscrits, suivant le cas, avant la publication de la demande en justice tendant à obtenir cette résiliation ou avant la publication de l'acte ou de la convention la constatant, ne s'éteignent qu'à la date primitivement convenue pour l'expiration du bail.

La résiliation en cas de destruction par cas fortuit ou force majeure (Article L118)

Si pendant la durée du bail, les constructions sont détruites par cas fortuit ou force majeure, la résiliation peut, à la demande de l'une ou l'autre partie, être prononcée par décision judiciaire, qui statue également sur les indemnités qui pourraient être dues.

B/ LE BAIL À RÉHABILITATION

Définition (Article L119)

Est qualifié de bail à réhabilitation et soumis aux dispositions prévues à ce titre par le Code de la construction le contrat par lequel, soit un organisme d'habitations à loyer modéré, soit une société d'économie mixte dont l'objet est de construire ou de donner à bail des logements, soit une collectivité locale, soit un organisme dont l'un des objets est de contribuer au logement des personnes défavorisées et agréé à cette fin par le Ministre chargé de l'Habitat s'engage à réaliser, dans un délai déterminé, des travaux d'amélioration sur l'immeuble du bailleur et à le conserver en bon état d'entretien et de réparations de toute nature en vue de louer cet immeuble à usage d'habitation ou à usage professionnel ou de service pendant la durée du bail.

Le bail à réhabilitation est consenti par celui ou ceux qui ont le droit d'aliéner et dans les mêmes conditions et formes que l'aliénation. Il est conclu conformément à la réglementation en vigueur.

Le contenu du contrat (Article L119)

Le contrat indique la nature des travaux, leurs caractéristiques techniques et le délai de leur exécution.

Le bénéfice des améliorations (Article L119)

En fin de bail, les améliorations réalisées bénéficient au bailleur sans indemnisation.

Le droit réel conféré au preneur (Article L120)

Le preneur est titulaire d'un droit réel immobilier. Ce droit peut être hypothéqué ; il peut être saisi dans les formes prescrites pour la saisie immobilière.

Ce droit est cessible nonobstant toute convention contraire. La cession ne peut être consentie qu'à l'un des organismes susceptibles de conclure un bail à réhabilitation, avec l'accord du bailleur. Le droit ne peut être cédé que s'il porte sur la totalité de l'immeuble loué. Le cédant demeure garant de l'exécution du bail par le cessionnaire.

Le sort des locataires (Article L121)

Six mois avant la date d'expiration du bail à réhabilitation, le bailleur peut proposer aux occupants un contrat de location prenant effet à cette date. À défaut, le preneur est tenu, au plus tard trois mois avant l'expiration du bail à réhabilitation, d'offrir aux occupants un logement correspondant à leurs besoins et à leurs possibilités. L'occupant qui n'a pas conclu de contrat de location ou accepté l'offre de relogement est déchu de tout titre d'occupation sur le logement à l'expiration du bail à réhabilitation. Au terme du bail à réhabilitation, le preneur est tenu de restituer l'immeuble au bailleur libre de location et d'occupation.

C/ Révision du loyer (Article R.168)

Sauf stipulations contraires des parties, le revenu servant à la détermination du coefficient de révision du loyer est le revenu moyen au mètre carré. Il est obtenu en divisant le revenu brut global par la surface utile, exprimée en mètres carrés, des locaux, aménagements ou installations ayant produit des revenus locatifs au cours de l'année civile de référence. Pour les locaux à usage d'habitation, la surface utile est la surface habitable telle qu'elle est définie par l'article R.2.

V. Ventes d'immeubles à construire

Les ventes d'immeubles à construire sont régies par les articles L122 à L125 de la Loi n° 2009-23 du 8 juillet 2009 portant partie législative du Code de la construction et par les articles R.169 à R.198 du Décret n° 2010-99 du 27 janvier 2010 portant partie réglementaire du Code de la construction.

A/ DÉFINITIONS

Définition (Article L122)

La vente d'immeuble à construire est celle par laquelle le vendeur s'oblige à édifier et à céder un immeuble dans un délai et dans des conditions déterminés par le contrat.

Elle peut être conclue à terme ou en l'état futur d'achèvement.

Définition de vente à terme (Article L123)

La vente à terme est le contrat par lequel le vendeur s'engage à livrer l'immeuble à son achèvement, l'acheteur s'engage à en prendre livraison et à en payer le prix à la date de livraison. Le transfert de propriété s'opère de plein droit par la constatation par acte authentique de l'achèvement de l'immeuble. Il produit ses effets rétroactivement au jour de la vente.

Définition de la vente en l'état futur d'achèvement (VEFA) (Article L124)

La vente en l'état futur d'achèvement est le contrat par lequel le vendeur transfère immédiatement à l'acquéreur ses droits sur le sol ainsi que la propriété des constructions existantes. Les ouvrages à venir deviennent la propriété de l'acquéreur au fur et à mesure de leur exécution ; l'acquéreur est tenu d'en payer le prix à mesure de l'avancement des travaux. Le vendeur conserve les pouvoirs de maître de l'ouvrage jusqu'à la réception des travaux.

B/ DISPOSITIONS COMMUNES AUX IMMEUBLES À USAGE D'HABITATION OU HABITATION ET PROFESSIONNEL ET AUX AUTRES IMMEUBLES

1/ Le contrat préliminaire

Le contrat préliminaire comme moyen de réservation d'un immeuble (Article L134)

La vente prévue à l'article L131 peut être précédée d'un contrat préliminaire par lequel, en contrepartie d'un dépôt de garantie effectué à un compte spécial, le vendeur s'engage à réserver à un acheteur un immeuble ou une partie d'immeuble.

Ce contrat doit comporter les indications essentielles relatives à la consistance de l'immeuble, à la qualité de la construction et aux délais d'exécution des travaux ainsi qu'à la consistance, à la situation et au prix du local réservé.

Les fonds déposés en garantie sont indisponibles, incessibles et insaisissables jusqu'à la conclusion du contrat de vente.

Ils sont restitués, dans le délai de trois mois, au déposant si le contrat n'est pas conclu du fait du vendeur.

Le contenu du contrat préliminaire (Article R.191 et R.192)

Le contrat préliminaire doit indiquer la surface habitable approximative de l'immeuble faisant l'objet de ce contrat, le nombre de pièces principales et l'énumération des pièces de service, dépendances et dégagements. S'il s'agit d'une partie d'immeuble, le contrat doit en outre préciser la situation de cette partie dans l'immeuble.

La qualité de la construction est suffisamment établie par une note technique sommaire indiquant la nature et la qualité des matériaux et des éléments d'équipement. Si le contrat porte sur une partie d'immeuble, cette note technique doit contenir également l'indication des équipements collectifs qui présentent une utilité pour la partie d'immeuble vendue.

Cette note technique doit être annexée au contrat.

Article R.192 :

Le contrat doit également indiquer :

– le prix prévisionnel de vente et, le cas échéant, les modalités de sa révision dans les limites et conditions prévues au présent code ;

– la date à laquelle la vente pourra être conclue ;

– s'il y a lieu, les prêts que le réservant déclare qu'il fera obtenir au réservataire ou dont il lui transmettra le bénéfice en précisant le montant de ces prêts, leurs conditions et le nom du prêteur.

La forme du contrat préliminaire (Article R.193)

Le contrat préliminaire est établi par écrit. Un exemplaire doit en être remis au réservataire avant tout dépôt de fonds. Il doit obligatoirement reproduire les dispositions des articles prévus à cet effet.

2/ Les autres dispositions communes

Le mandat donné par l'acquéreur au vendeur (Articles R.173, R.174 et R.175)

La vente d'un immeuble à construire peut être assortie d'un mandat donné par l'acquéreur au vendeur à l'effet de passer les actes de disposition devant affecter les biens et droits vendus et indispensables à la construction du bâtiment dont tout ou partie forme l'objet de la vente.

Ce mandat peut concerner les actes indispensables à la construction d'autres bâtiments désignés par le mandat s'ils doivent comporter des parties communes avec celui dont tout ou partie forme l'objet de la vente.

Ce mandat doit indiquer spécialement la nature, l'objet et les conditions des actes en vue desquels il est donné.

Il peut toutefois comporter le pouvoir de passer tous les actes de disposition portant sur des parties communes et qui se révéleraient nécessaires :

– pour satisfaire aux prescriptions d'urbanisme ;

– pour satisfaire aux obligations imposées par le permis de construire du bâtiment faisant l'objet de la vente ou auxquelles pourrait être subordonnée la délivrance d'un tel permis pour la construction des autres bâtiments concernés par le mandat ;

– pour assurer la desserte de ces immeubles ou leur raccordement avec les réseaux de distribution et les services publics.

Lorsque la vente d'un immeuble à construire est assortie d'un mandat de l'acquéreur donné au vendeur d'affecter hypothécairement l'immeuble vendu, ce mandat ne peut être consenti, en cas de vente à terme, que pour assurer le financement de la construction de cet immeuble.

Ce mandat ne précise pas obligatoirement le montant des sommes pour la garantie desquelles le mandataire est autorisé à constituer hypothèque. Il est en tout cas limité à la constitution d'hypothèque garantissant en principal, intérêts et accessoires, une somme au plus égale au prix de vente stipulé au contrat, déduction faite, le cas échéant, des sommes déjà garanties par le bien vendu.

Les pouvoirs du maître de l'ouvrage, mentionnés à l'article L. 124, comportent ceux de choisir les architectes, entrepreneurs et autres techniciens, d'arrêter librement les conventions passées avec eux et d'effectuer la réception des travaux qu'ils ont faits ou dirigés, y compris de ceux qui sont prévus au second alinéa de l'article R. 22.

Cession par l'acquéreur (Article L125)

La cession par l'acquéreur des droits qu'il tient d'une vente d'immeubles à construire substitue de plein droit le cessionnaire dans les obligations de l'acquéreur envers le vendeur. Si la vente a été assortie d'un mandat, celui-ci se poursuit entre le vendeur et le cessionnaire. Ces dispositions s'appliquent à toute mutation entre vifs, volontaire ou forcée, ou à cause de mort.

Obligations du vendeur en matière de garanties (Articles L127 et L130)

Le vendeur d'un immeuble à construire est tenu, à compter de la réception des travaux, des obligations dont les architectes, entrepreneurs, tâcherons, artisans et autres personnes liées au maître de l'ouvrage par un contrat d'entreprise sont eux-mêmes tenus.

La réception ici visée s'entend de la réception avec ou sans réserves. Toutefois, les garanties du vendeur liées à sa responsabilité en tant que constructeur courent à compter de la réception sans réserves ou du jour où il est constaté la réalisation des travaux satisfaisant aux réserves.

Ces garanties bénéficient aux propriétaires successifs de l'immeuble.

Ces garanties ne pourront donner lieu à résolution de la vente ou diminution du prix.

Ces obligations s'appliquent également au local vendu après achèvement des locaux vendus dans lesquels il s'inscrit. L'action exercée à ce titre ne pourra être faite par les acquéreurs successifs qu'à l'encontre du vendeur originaire.

Lorsque l'un quelconque des locaux composant un immeuble a été vendu à terme ou en l'état futur d'achèvement, la vente, après achèvement d'un local compris dans cet immeuble est assujettie aux dispositions de l'article L 127.

Achèvement de la construction (Articles R.169, R.170 et R.179)

L'immeuble vendu à terme ou en l'état futur d'achèvement est réputé achevé au sens des articles L. 122 et L. 131 lorsque sont exécutés les ouvrages et sont installés les éléments d'équipement qui sont indispensables à l'utilisation, conformément à sa destination, de l'immeuble faisant l'objet du contrat.

Pour l'appréciation de cet achèvement, les défauts de conformité avec les prévisions du contrat ne sont pas pris en considération lorsqu'ils n'ont pas un caractère substantiel, ni les malfaçons qui ne rendent pas les ouvrages ou éléments ci-dessus précisés impropres à leur utilisation.

La constatation de l'achèvement n'emporte par elle-même ni reconnaissance de la conformité aux prévisions du contrat, ni renonciation aux droits que l'acquéreur tient de l'article L. 126.

L'achèvement de l'immeuble vendu à terme est constaté soit par les parties, soit par une personne qualifiée.

La constatation par les parties fait l'objet d'un acte du notaire qui a reçu la vente à terme. Cet accord vaut livraison de l'immeuble. La constatation est faite par une personne qualifiée lorsque l'acte de vente l'a prévu ou lorsqu'il n'y a pas accord des parties.

Cette personne est désignée par ordonnance sur requête, non susceptible de recours, du Président de la juridiction compétente du lieu d'implantation de l'immeuble, soit parmi celles que la juridiction commet habituellement, soit parmi celles figurant sur une liste établie par arrêté du Ministre de la Justice et du Ministre chargé de la Construction. La constatation de l'achèvement fait l'objet par la personne qualifiée ainsi désignée d'une déclaration devant le notaire qui a reçu la vente.

La constatation de l'achèvement est parfaite par la déclaration ainsi faite.

Elle est notifiée par la partie la plus diligente à l'autre par lettre. La notification vaut livraison de l'immeuble à la date de cette réception.

La constatation de l'achèvement des fondations est certifiée par un homme de l'art.

Action résultant des vices rédhibitoires (Article L128)

L'action résultant des vices rédhibitoires doit être intentée par l'acquéreur dans un délai fixé par décret suivant la nature des vices rédhibitoires et l'usage du lieu où la vente a été faite.

Dans le cas de vices apparents, l'action doit être introduite, à peine de forclusion, dans l'année qui suit la date à laquelle le vendeur peut être déchargé de ces vices.

Vices apparents (Article L126)

Le vendeur d'un immeuble à construire ne peut être déchargé, ni avant la réception des travaux, ni avant l'expiration d'un délai d'un mois après la prise de possession par l'acquéreur, des vices de construction alors apparents.

Il n'y aura pas lieu à résolution du contrat ou à diminution du prix si le vendeur s'oblige à réparer le vice.

Publicité foncière de la vente (Article R.171)

La vente à terme est soumise aux règles de la publicité foncière dans les mêmes conditions que la vente sous condition suspensive.

C/ Dispositions particulières en matière d'immeuble à usage d'habitation ou à usage d'habitation et professionnel

L'obligation de se soumettre aux dispositions spéciales (Articles L131 et R.180)

Les contrats ayant pour objet le transfert de propriété d'un immeuble ou d'une partie d'immeuble ou d'une partie d'immeuble à usage d'habitation ou à usage professionnel et d'habitation et comportant l'obligation pour l'acheteur d'effectuer des versements ou des dépôts de fonds avant l'achèvement de la construction doivent se soumettre aux dispositions spéciales en la matière sous peine de nullité du contrat.

Celui qui s'oblige à édifier ou à faire édifier un immeuble ou une partie d'immeuble à usage d'habitation ou à usage professionnel et d'habitation, lorsqu'il procure directement ou indirectement le terrain ou le droit de construire sur le terrain à celui qui contracte l'obligation d'effectuer les versements ou les dépôts, doit conclure un contrat conforme aux dispositions prévues en la matière, sauf si le terrain ou le droit est procuré à une société civile constituée en vue de l'attribution d'immeubles, une société constituée en vue de l'attribution d'immeubles aux associés par fractions divises ou à une coopérative d'habitat et de construction, ou si celui qui les procure est un organisme d'habitations à loyer modéré agissant comme prestataire de service.

Le contrat de vente d'immeuble à construire conclu par un organisme d'habitations à loyer modéré, par une société civile immobilière constituée entre deux ou plusieurs organismes d'habitations à loyer modéré, ou par une société d'économie mixte dont le capital appartient pour plus de la moitié à une personne de droit public peut, par dérogation aux dispositions de l'article L123et de l'article L133 :

– stipuler que le transfert de propriété résulte de la constatation du paiement intégral du prix ;

– prévoir que le prix est payable entre les mains du vendeur par fractions échelonnées tant avant qu'après achèvement de la construction.

Si l'acte de vente stipule que l'acquéreur ne recourt pas aux prêts dont le vendeur a fait état, il n'y a pas lieu d'insérer dans l'acte la condition résolutoire prévue par le premier alinéa de l'article L. 131.

Le contenu et la forme du contrat (Article L132)

Le contrat doit être conclu par **acte authentique** (devant notaire).

Il doit préciser :

– la description de l'immeuble ou de la partie d'immeuble vendu ;

– son prix et les modalités de paiement de celui-ci ;

– le délai de livraison ;

– en matière de VEFA, la garantie de l'achèvement de l'immeuble ou du remboursement des versements effectués en cas de résolution du contrat à défaut d'achèvement.

Toutefois, lorsque la vente concerne une partie d'immeuble, le contrat peut ne comporter que les indications propres à cette partie, les autres précisions prévues à l'alinéa précédent doivent alors figurer, soit dans un document annexé à l'acte, soit dans un document déposé au rang des minutes d'un notaire et auquel l'acte fait référence.

Il doit également mentionner si le prix est ou non révisable et, dans l'affirmative, les modalités de sa révision.

Il doit, en outre, comporter en annexes, ou par référence à des documents déposés chez un notaire, les indications utiles relatives à la consistance et aux caractéristiques techniques de l'immeuble.

Le règlement de copropriété est remis à chaque acquéreur lors de la signature du contrat. Il doit lui être communiqué préalablement.

L'échelonnement du prix pour la VEFA (Article L133 et R.182)

Dans le cas de vente en l'état futur d'achèvement, le vendeur ne peut exiger ni accepter aucun versement, aucun dépôt, aucune souscription ou acceptation d'effets de commerce avant la signature du contrat, ni avant la date à laquelle la créance est exigible.

Le contrat de vente à terme peut seulement stipuler que des dépôts de garantie seront faits, à mesure de l'avancement des travaux, à un compte spécial ouvert au nom de l'acquéreur par un organisme habilité à cet effet. Les fonds ainsi déposés sont incessibles, insaisissables et indisponibles dans la limite des sommes dues par l'acheteur, sauf pour le paiement du prix.

Les paiements ou dépôts ne peuvent excéder au total :

– trente-cinq pour cent du prix à l'achèvement des fondations ;

– soixante-dix pour cent à la mise hors d'eau ;

– quatre-vingt-quinze pour cent à l'achèvement de l'immeuble.

Le solde est payable lors de la mise du local à la disposition de l'acquéreur ; toutefois il peut être consigné en cas de contestation sur la conformité avec les prévisions du contrat.

Si la vente est conclue sous condition suspensive, aucun versement ni dépôt ne peut être effectué avant la réalisation de cette condition.

Dans les limites ci-dessus, les sommes à payer ou à déposer en cours d'exécution des travaux sont exigibles :

– soit par versements périodiques constants ;

– soit par versements successifs dont le montant est déterminé en fonction de l'avancement des travaux.

Si le contrat prévoit une pénalité de retard dans les paiements ou les versements, le taux de celle-ci sera fixé conformément à la réglementation en vigueur.

Les clauses abusives (Article L135)

Toute clause contraire aux dispositions des articles L131à L134 et à celles des articles L122et L127, est réputée non écrite.

D/ LES GARANTIES D'ACHÈVEMENT ET REMBOURSEMENT

Elles font l'objet de dispositions développées aux articles R183 à R.190 du Code de la construction qui en définissent les formes, conditions et régimes.

E/ DÉPÔT DE GARANTIE

Le montant du dépôt (Article R.194)

Le montant du dépôt de garantie ne peut excéder cinq pour cent du prix prévisionnel de vente si le délai de réalisation de la vente n'excède pas un an. Ce pourcentage est limité à deux pour cent si ce délai n'excède pas deux ans. Aucun dépôt ne peut être exigé si ce délai excède deux ans.

La réalisation du dépôt de garantie (Article R.195)

Le dépôt de garantie est fait à un compte spécial ouvert au nom du réservataire dans une banque ou un établissement spécialement habilité à cet effet ou chez un notaire. Les dépôts des réservataires des différents locaux composant un même immeuble ou un même ensemble immobilier peuvent être groupés dans un compte unique spécial comportant une rubrique par réservataire.

La notification du projet d'acte de vente (Article R.196)

Le réservant doit notifier au réservataire le projet d'acte de vente un mois au moins avant la date de la signature de cet acte.

Les conditions de la restitution du dépôt de garantie (Article R.197)

Le dépôt de garantie est restitué, sans retenue ni pénalité, au réservataire :

a) si le contrat de vente n'est pas conclu du fait du vendeur dans le délai prévu au contrat préliminaire ;

b) si le prix de vente excède de plus de cinq pour cent le prix prévisionnel, révisé le cas échéant conformément aux dispositions du contrat préliminaire. Il en est ainsi quelles que soient les autres causes de l'augmentation du prix, même si elles sont dues à une augmentation de la consistance de l'immeuble ou à une amélioration de sa qualité ;

c) si le ou les prêts prévus au contrat préliminaire ne sont pas obtenus ou transmis ou si leur montant est inférieur de dix pour cent aux prévisions dudit contrat ;

d) si l'un des éléments d'équipement prévus au contrat préliminaire ne doit pas être réalisé ;

e) si l'immeuble ou la partie d'immeuble ayant fait l'objet du contrat présente dans sa consistance ou dans la qualité des ouvrages prévus une réduction de valeur supérieure à dix pour cent.

Dans les cas prévus au présent article, le réservataire notifie sa demande de remboursement au vendeur et au dépositaire par lettre. Sous réserve de la justification par le déposant de son droit à restitution, le remboursement intervient dans le délai maximum de trois mois à dater de cette demande.

Le versement du dépôt de garantie au vendeur (Article R.172)

Les fonds qui ont fait l'objet de dépôts de garantie sont valablement versés au vendeur par l'établissement dépositaire, hors la présence et sans le concours de l'acquéreur, sur simple production d'une attestation du notaire ayant reçu l'acte de vente certifiant que l'achèvement de l'immeuble a été constaté.

Le notaire doit informer l'établissement dépositaire et l'acquéreur de la situation hypothécaire. S'il existe sur l'immeuble des inscriptions ou s'il existe quelque autre empêchement au paiement, le notaire indique à l'établissement dépositaire le montant des fonds nécessaires à l'apurement de la situation.

Ces fonds sont conservés par l'établissement dépositaire pour être utilisés audit apurement, conformément aux instructions données par le notaire.

CHAPITRE 3

RESPONSABILITÉ DES CONSTRUCTEURS D'OUVRAGE

SECTION 1 : LA GARANTIE DÉCENNALE, LA GARANTIE DE BON FONCTIONNEMENT ET LA GARANTIE DE PARFAIT ACHÈVEMENT

La responsabilité des constructeurs figurait déjà **dans le COCC (articles 450 à 453)** lesquels prévoient une présomption de responsabilité des architectes et des entrepreneurs lorsque l'édifice est détruit partiellement ou en totalité à la suite d'un vice du sol ou d'un vice de construction.

Cette responsabilité peut être engagée dans un délai maximum d'1 an après la réception pour les vices apparents et dans un délai maximum de 10 ans à compter de la réception définitive pour les vices cachés, toute clause contraire étant réputée non écrite.

Seule une action en justice, même un référé, interrompt la prescription.

Ces règles sont reprises avec plus de précisions par les **articles L13 à L22 de la Loi n° 2009-23 du 8 juillet 2009 portant partie législative du Code de la construction et par les articles R.41 à R.44 du Décret n° 2010/99 du 27 janvier 2010 portant partie réglementaire du même Code.**

A/ PERSONNES TENUES À GARANTIE

Le Code de la construction considère comme constructeur (Article L13) :

– Tout architecte, entrepreneur, ingénieur, technicien, bureau d'étude, bureau de contrôle technique ou autre personne intervenant dans la conception, la réalisation ou le contrôle de l'ouvrage et liée au maître de l'ouvrage par un contrat de louage d'ouvrage ou de service ;

– Toute personne qui, bien qu'agissant en qualité de mandataire du propriétaire de l'ouvrage, accomplit une mission identique à celle prévue par un contrat d'entreprise.

Par ailleurs, le mandataire, dont la mission est assimilable à celle d'un locateur d'ouvrage, encourt une responsabilité contractuelle de la même nature que celle des constructeurs en cas de manquement au devoir de conseil ou à l'obligation d'informer, de renseigner ou de contrôler. (Article L14)

Tout constructeur d'un ouvrage est responsable de plein droit, envers le maître ou l'acquéreur de l'ouvrage, des dommages, même résultant d'un vice du sol, qui en compromettent la solidité et la stabilité.

Cette responsabilité s'étend à toute personne qui vend, après achèvement, un ouvrage qu'elle a construit ou fait construire.

B/ BÉNÉFICIAIRES DES GARANTIES

En principe, les garanties bénéficient à ceux qui ont contracté avec les personnes obligées : Maître de l'ouvrage ou acheteur du bien immobilier.

Mais la jurisprudence étend la garantie aux successeurs du Maître de l'ouvrage ou de l'acheteur, que ce soit en raison d'un décès ou en raison d'une vente du bien, la garantie se rapportant au bien, et non au propriétaire initial.

En effet, la garantie est sensée suivre la chose en tant qu'accessoire de la propriété. En conséquence, l'ayant-cause, désormais bénéficiaire de la garantie, ne pourra pas agir contre le constructeur en responsabilité délictuelle car il n'est plus un tiers, ayant hérité de la garantie.

La règle est en effet le non-cumul de la responsabilité de droit commun et du régime de présomption de responsabilité prévue par le Code de la Construction.

Pour le cas particulier des copropriétés, l'action appartient normalement au syndicat des copropriétaires en cas de vice affectant les parties communes, l'action individuelle concernant normalement les parties privatives.

Cependant, suivant la jurisprudence, rien ne s'oppose à l'exercice de l'action individuelle en cas de carence du syndicat des copropriétaires. (Cass. Civ. 18 décembre 1973 ; JCP 74 II-17682 Note GUILLOT ; Cass. Civ. 14 mai 1974 Bull. Civ. III n° 190).

C/ LA RÉCEPTION PROVISOIRE FAIT COURIR LA GARANTIE DE PARFAIT ACHÈVEMENT ET LA GARANTIE DE BON FONCTIONNEMENT DES ÉQUIPEMENTS DISSOCIABLES DE L'OUVRAGE

La réception provisoire est l'acte par lequel le maître de l'ouvrage déclare accepter l'ouvrage avec ou sans réserves. Elle intervient à la demande de la partie la plus diligente soit à l'amiable, soit, à défaut, **judiciairement**. Elle est, en tout état de cause, établie contradictoirement. (Article L 19 du code de la construction)

À défaut de signature d'un PV de réception, l'article 451 du COCC autorise la réception tacite qui coïncide avec l'entrée dans les lieux par le client. On parle alors de prise de possession matérielle (Cour d'Appel Dakar, Arrêt n° 81 du 31 mars 1972 : NANG C/ PELLISSIER).

En admettant la réception judiciaire, se pose le problème de sa date : est-ce celle du jugement ou est-ce celle du moment où les travaux sont en état d'être reçus ? En admettant la réception tacite par prise de possession des lieux, la Cour de Cassation penche en faveur de la seconde solution, ce qui permet également de pallier l'éventuelle longueur d'une procédure. Il suffira de demander au tribunal de dire et juger qu'il y a eu réception tacite par prise de possession des lieux à charge pour le maître de l'ouvrage d'en rapporter la preuve par tous moyens. (Date de point de départ du contrat multirisque habitation, ou d'un abonnement tels que le téléphone ou l'électricité, attestation de voisin, etc.).

La garantie de parfait achèvement concerne les désordres apparents.

La garantie de parfait achèvement à laquelle l'entrepreneur est tenu pendant un délai d'un an à compter de la réception provisoire **s'étend à la réparation de tous les désordres signalés par le maître de l'ouvrage**, soit au moyen de réserves mentionnées au procès-verbal de réception provisoire, soit par voie de notification écrite pour ceux révélés postérieurement à la réception provisoire. Les délais nécessaires à l'exécution des travaux de réparation sont fixés d'un commun accord par le maître de l'ouvrage et l'entrepreneur concerné. En l'absence d'un tel accord ou en cas d'inexécution dans le délai fixé, les travaux peuvent, après mise en demeure restée infructueuse, être exécutés aux frais et risques de l'entrepreneur défaillant.

L'exécution des travaux exigés au titre de la garantie de parfait achèvement est constatée d'un commun accord, ou, à défaut, judiciairement.

La garantie ne s'étend pas aux travaux nécessaires pour remédier aux effets de l'usure normale ou de l'usage. (Article L 19 du Code de la construction)

La garantie de bon fonctionnement des équipements dissociables de l'ouvrage

Articles L16 et L17 : Les autres éléments d'équipement du bâtiment (les éléments d'équipements dissociables de l'ouvrage n'altérant que le fonctionnement des éléments d'équipement (climatisation par exemple) font l'objet d'une garantie de bon fonctionnement **d'une durée minimale d'un an à compter de la réception provisoire de l'ouvrage.**

Le constructeur d'un ouvrage, d'une partie d'ouvrage ou d'un élément d'équipement conçu et produit pour satisfaire, en état de service, à des exigences précises et déterminées à l'avance, est solidairement responsable, des obligations des constructeurs, à la charge de celui qui a mis en œuvre, sans modification et conformément aux règles édictées par le fabricant, l'ouvrage, la partie d'ouvrage ou l'élément d'équipement considéré.

Est assimilé au constructeur pour l'application du présent article :

– celui qui a importé un ouvrage, une partie d'ouvrage ou un élément d'équipement fabriqué à l'étranger ;

– celui qui l'a présenté comme son œuvre en faisant figurer sur lui son nom, sa marque de fabrique ou tout autre signe distinctif.

D/ LA RÉCEPTION DÉFINITIVE FAIT COURIR LA GARANTIE DÉCENNALE

La réception définitive constitue le point de départ de la garantie décennale.

Article R.41 : La réception des travaux constitue, pour ceux à l'égard desquels aucune réserve n'est faite, le point de départ de la garantie prévue.

Pour les travaux qui font l'objet de réserves la garantie court du jour où il est constaté que l'exécution des travaux satisfait à ces réserves.

1ère condition : désordre procédant d'un défaut caché

Le dommage pris en compte au titre des garanties doit provenir d'un **vice caché** à la réception qui compromet la solidité et la stabilité de l'ouvrage. La présomption vise également les dommages qui résultent d'un vice du sol.

Le défaut est caché lorsqu'à la réception, il n'est pas susceptible d'être décelé par un **profane.** Les juges apprécient le caractère apparent ou caché du vice en tenant compte de différents éléments : la nécessité **de recourir à une expertise** pour le déceler, l'impossibilité pour le maître de l'ouvrage de mesurer l'importance du désordre ou encore le fait que la cause du désordre n'ait pu être déterminée qu'après la réception.

2ème condition : désordre procédant d'un vice de construction ou d'un vice du sol

Le désordre provient généralement d'un vice de construction.

Elle peut aussi se traduire par une détérioration de la construction. Peu importe à cet égard que l'étendu du dommage ne soit pas d'ores et déjà mesurable : **un dommage futur** mais certain au moment où l'action est engagée suffit (chute inévitable à terme d'éléments de la construction, défaut de tuiles rendant à terme la toiture inutilisable).

Les désordres esthétiques en revanche, ne sont pas des malfaçons relevant de la garantie décennale. Ils ne peuvent être pris en compte qu'au titre de la responsabilité de droit commun.

Aux malfaçons qui caractérisent un défaut de construction, la loi assimile les désordres qui résultent d'un **vice du sol**, sauf si le maître de l'ouvrage notoirement compétent a fait le choix du terrain en connaissance de cause.

Cependant, même dans ce cas, le constructeur au sens général du terme, (ce qui inclut l'architecte) n'est pas déchargé de **son devoir de Conseil.**

3ème condition : la gravité des désordres doit affecter l'ouvrage ou des éléments d'équipements indissociables

La présomption de responsabilité du constructeur ne peut être engagée dans un délai maximum de 10 ans à compter de la réception définitive que si ce dernier est responsable de dommages qui compromettent la solidité ou la stabilité de l'ouvrage.

Il suffit que la solidité de l'ouvrage soit compromise (même dans un futur proche, comme indiqué ci-dessus) ou que le désordre affecte seulement de construction ou un élément d'équipement indissociable.

Selon le Code de la Construction, un élément d'équipement est considéré comme **formant indissociablement** corps avec l'un des ouvrages mentionnés à l'alinéa précédent lorsque sa dépose, son démontage ou son remplacement ne peut s'effectuer sans détérioration ou enlèvement de matière de cet ouvrage (Canalisation par exemple).

E/ LA PRÉSOMPTION DE RESPONSABILITÉ

Articles L13 et L20 : Tout constructeur d'un **ouvrage est responsable de plein droit, pour une durée de 10 ans**, envers le maître ou l'acquéreur de l'ouvrage, des dommages, même résultant d'un vice du sol, qui en compromettent la solidité et la stabilité.

Cette présomption de responsabilité établie s'étend également aux dommages qui affectent la solidité des éléments d'équipement d'un ouvrage, mais seulement lorsque ceux-ci font indissociablement corps avec les ouvrages de viabilité, de fondation, d'ossature, de clos ou de couvert.

Un élément d'équipement est considéré comme formant indissociablement corps avec l'un des ouvrages mentionnés à l'alinéa précédent lorsque sa dépose, son démontage ou son remplacement ne peut s'effectuer sans détérioration ou enlèvement de matière de cet ouvrage.

La présomption de responsabilité a comme conséquence que tout constructeur d'un ouvrage est responsable de **plein droit**, à moins que le dommage ne procède d'une cause étrangère.

Il a une obligation **de résultat.**

Il y a présomption de fait, que le désordre résulte du vice de la chose ou du vice du sol.

Le maître de l'ouvrage n'a pas à établir la nature et l'origine du désordre : il n'a qu'à **constater** ou le faire constater par huissier et montrer qu'il est de nature de ceux qui sont couverts par la décennale.

Force de la présomption : elle entraîne un renversement de la charge de la preuve : il appartient au constructeur de démontrer qu'il n'est pas responsable et non au maître de l'ouvrage d'apporter la preuve de sa responsabilité dès lors qu'il est établi l'existence d'un vice caché, apparu après réception, affectant l'ouvrage, ou un élément d'équipement indissociable, ou même un vice du sol.

Cette présomption de responsabilité ne cède que devant la preuve **d'une cause étrangère**.

La cause étrangère s'entend d'un cas de force majeure, du fait d'un tiers, ou du fait du maître de l'ouvrage.

- **Force majeure :** elle doit être irrésistible, imprévisible et extérieure à l'évènement.

Les intempéries sont parfois retenues mais à des conditions très strictes (ouragan d'une violence exceptionnelle, les mauvaises conditions climatiques étant le plus invoquées pour justifier uniquement un retard de livraison.)

Le vice du sol n'est pas un cas de force majeure car l'entrepreneur comme l'architecte doit faire procéder à une étude du sol. Seul un mouvement de terrain d'une grande ampleur pourrait être considéré comme un cas de force majeure.

La mauvaise qualité des matériaux n'est pas un cas de force majeure.

L'évolution des règles de l'Art qui conduit à abandonner certaines techniques n'est pas un cas de force majeure.

- **Fait d'un tiers :** Le constructeur ne peut s'exonérer de la présomption qui pèse sur lui en invoquant **le fait d'une personne qu'il garantit** comme un sous-traitant.

Il peut en revanche se prévaloir du fait d'un tiers dont il ne répond pas, l'architecte pouvant se prévaloir du fait de l'entrepreneur et inversement.

- **La faute du maître de l'ouvrage** : Le maître de l'ouvrage peut engager sa responsabilité sans immixtion dans la réalisation de la construction en cas de manquement à l'obligation de renseignement qui lui incombe. (Changement d'entrepreneur sans en informer l'architecte ou modifications unilatérales et inconsidérées des projets.)

De même le maître de l'ouvrage ne doit pas s'immiscer dans la réalisation de l'ouvrage sans prendre le risque d'endosser la responsabilité technique de l'opération ce qui suppose néanmoins 2 conditions :

- Être notoirement compétent
- Immixtion doit être fautive.

F/ LA RESPONSABILITÉ CONTRACTUELLE DE DROIT COMMUN

1/ La responsabilité avant réception

Avant la réception, la responsabilité contractuelle de droit commun peut résulter du retard dans l'exécution des travaux et dans la livraison de l'ouvrage.

Entre dans la responsabilité avant réception, des malfaçons pré-décennales qui sont des désordres qui sont manifestement avant que l'ouvrage ne soit achevé (effondrement partiel par exemple).

Dans ce cas, la faute du constructeur donne lieu soit à des dommages et intérêts et parfois même à la résiliation du marché conformément au droit commun de la responsabilité contractuelle.

2/ La responsabilité de droit commun après réception

a/ Désordres apparents

Les désordres apparents à l'inverse des vices cachés à la réception relèvent de la responsabilité contractuelle de droit commun.

Il est parfois soutenu que les désordres apparents échappent à la responsabilité contractuelle de droit commun pour relever seulement de la garantie de parfait achèvement d'un an à compter de la réception provisoire.

Il n'en est rien si l'entrepreneur conteste son obligation de réparer dans le cadre de la garantie de parfait achèvement.

De même, si le délai de garantie de parfait achèvement est d'un an, ce délai n'est pas un délai d'exécution, ni un délai d'action à peine de forclusion.

Par conséquent, si l'entrepreneur refuse de procéder aux réparations, le maître de l'ouvrage pourra l'assigner tant que la prescription de droit commun n'est pas acquise.

b/ Les dommages intermédiaires

Il s'agit des dommages qui se manifestent après la réception mais qui ne rentrent pas dans le cadre de la garantie décennale. Il s'agit des désordres qui ne compromettent ni la stabilité, ni la solidité de l'ouvrage ou des éléments d'équipements indissociables.

c/ Les défauts de conformité

Il peut s'agir d'un défaut de conformité aux règles de l'Art, aux plans, à la réglementation, aux clauses du marché.

Ce ne sont pas techniquement des désordres. Ils ne relèvent pas en principe de la responsabilité décennale sauf si ces défauts de conformité compromettent la stabilité et la solidité de l'ouvrage.

d/ Les dommages immatériels

Lorsque les dommages sont immatériels (perte d'exploitation, perte locative) ils relèvent de la responsabilité de droit commun et non de la garantie décennale.

G/ Dispositions diverses

Nullité des clauses de non-responsabilité

Article L18 : Toute clause d'un contrat qui a pour objet soit d'exclure ou de limiter la responsabilité du constructeur ou d'en limiter la portée soit d'écarter ou de limiter la solidarité prévue par le Code de la construction est nulle et non avenue, sauf en cas de force majeure ou de la faute d'un tiers dont la preuve devra être rapportée par le constructeur.

Les obligations du constructeur en matière d'autorisation d'urbanisme et de performances énergétiques

Article L21 : Les dispositions prévues en matière de documents et d'autorisations d'urbanisme (Article L2 du même Code) ainsi que celles en matière énergétique (Article L9 du Code de la construction) s'imposent aux personnes qui construisent ou font construire des bâtiments ainsi qu'aux architectes, techniciens, entrepreneurs, tâcherons et artisans et autres personnes responsables de l'exécution de ces constructions.

Sanctions des constructeurs

Article L22 : Les architectes, techniciens, entrepreneurs, tâcherons, artisans ou autres personnes responsables de l'exécution de constructions ayant donné lieu postérieurement à la promulgation de la présente loi à une condamnation réprimant les infractions aux règles applicables en matière d'urbanisme et de construction ne sont plus admis, temporairement ou définitivement, à prêter leurs services à l'État, aux collectivités locales, ainsi qu'aux établissements publics et organismes relevant de ces collectivités. L'exclusion temporaire ou définitive est prononcée, après avis d'une commission.

Toutes les sociétés de construction de bâtiments, suivant contrat d'entreprise, sont soumises aux dispositions juridiques relatives aux qualifications et classifications des entreprises, entrepreneurs et artisans de bâtiments et des travaux publics.

SECTION 2 : ASSURANCE DES TRAVAUX DE BÂTIMENT

L'assurance des travaux de bâtiment est abordée par les articles L28 à L37 de la Loi n° 2009-23 du 8 juillet 2009 portant partie législative du Code de la construction.

I. ASSURANCE DE RESPONSABILITÉ OBLIGATOIRE : L'ASSURANCE DÉCENNALE DU CONSTRUCTEUR (ARTICLES L28 ET L29)

Toute personne physique ou morale dont la responsabilité peut être engagée sur le fondement de la présomption établie pour les constructeurs par le Code de la construction, à propos de travaux de bâtiment, doit être couverte par une assurance.

Pour rappel, les articles L13 et L20 du Code de la construction disposent que tout constructeur d'un ouvrage est responsable de plein droit, pour une durée de 10 ans, envers le maître ou l'acquéreur de l'ouvrage, des dommages, même résultant d'un vice du sol, qui en compromettent la solidité et la stabilité.

Cette présomption de responsabilité établie s'étend également aux dommages qui affectent **la solidité des éléments d'équipement d'un ouvrage, mais seulement lorsque ceux-ci font indissociablement corps avec les ouvrages** de viabilité, de fondation, d'ossature, de clos ou de couvert.

Un élément d'équipement est considéré comme formant indissociablement corps avec l'un des ouvrages mentionnés à l'alinéa précédent lorsque sa dépose, son démontage ou son remplacement ne peut s'effectuer sans détérioration ou enlèvement de matière de cet ouvrage.

Comme précédemment indiqué, cette responsabilité suppose que 3 conditions soient remplies :

– qu'il y ait eu réception (expresse par la signature d'un PV de réception ou tacite par la prise de possession de l'ouvrage),

– que les désordres soient cachés,

– et qu'ils compromettent la solidité et la stabilité de l'ouvrage.

À défaut, l'entrepreneur et/ou son assureur décennal seraient en droit d'invoquer l'exclusion de garantie.

En effet, il ne fait aucun doute que le risque décennal est le seul qui soit soumis à l'assurance de responsabilité obligatoire précitée.

À l'ouverture de tout chantier, la personne physique ou morale doit être en mesure de justifier qu'elle a souscrit un contrat d'assurance la couvrant pour les responsabilités encourues.

Tout contrat d'assurance souscrit en ce sens est, nonobstant toute stipulation contraire, réputé comporter une clause assurant le maintien de la garantie pour la durée de la responsabilité pesant sur la personne assujettie à l'obligation d'assurance.

Celui qui fait réaliser pour le compte d'autrui des travaux de bâtiment doit être couvert par une assurance de responsabilité garantissant les dommages, même résultant d'un vice du sol, qui en compromettent la solidité et la stabilité, et résultant de son fait.

Il en est de même lorsque les bâtiments sont construits en vue de la vente.

II. Assurance obligatoire tous risques souscrite par le propriétaire de l'immeuble ou son mandataire. (Article L30)

(**L'assurance dommage ouvrage** : c'est une assurance de la **chose**.

Elle incombe à « *Toute personne physique ou morale, qui agissant en qualité de propriétaire de l'ouvrage, de vendeur ou de mandataire du propriétaire de l'ouvrage, fait réaliser des travaux de bâtiment avant l'ouverture du chantier, pour son compte ou pour celui des propriétaires successifs* ».

Cette assurance garantit, **en dehors de toute recherche des responsabilités**, le paiement des travaux de réparation des dommages de la nature de ceux dont sont responsables les constructeurs, les fabricants et importateurs ou le contrôleur technique.

Le souscripteur conclut tant le contrat pour son compte que pour celui des acquéreurs successifs. Ainsi le vendeur d'immeuble à construire et son acquéreur ont simultanément ou successivement la qualité de souscripteur et d'assuré. En application de ce principe, ce n'est pas le maître de l'ouvrage souscripteur, mais le syndicat des copropriétaires qui a hérité des parties communes, qui seul peut agir contre l'assureur dommage ouvrage. [Exemple : infiltrations et désordres dans les parties communes].

La garantie porte sur les travaux de réparation de toute nature dont sont responsables les constructeurs au sens des articles L13 et L20 du Code de la Construction, mais également les fabricants et importateurs des matériaux de la construction ou le contrôleur technique.

Ces deux articles visent aussi les dommages de nature décennale. Il suffit par conséquent de renvoyer à ce qui a été vu sur ce point, étant rappelé que la condition relative à des travaux de construction du bâtiment est toujours nécessaire, ce qui exclut notamment le ravalement.

Comme le précise l'article L 30, la différence essentielle avec l'assurance décennale tient au fait que le dommage ouvrage garantit le souscripteur **en dehors de toute recherche de responsabilité du constructeur**.

Il suffit que soit constaté après réception définitive un désordre caché d'une gravité suffisante pour compromettre la stabilité ou la solidité de l'ouvrage.

C'est le résultat qui importe. Cette condition est suffisante : **Peu importe sa cause**, qu'il y ait absence de conformité aux règles de l'Art, à la réglementation, aux dispositions du marché, etc.).

« Toutefois, elle garantit le paiement des réparations nécessaires lorsque :

– avant la réception, après mise en demeure restée infructueuse, le contrat de louage d'ouvrage conclu avec l'entrepreneur est résilié pour inexécution par celui-ci de ses obligations ;

– après la réception, après mise en demeure restée infructueuse, l'entrepreneur n'a pas exécuté ses obligations. »

Il est important de souligner que contrairement à l'assurance dommage ouvrage en France qui précise expressément la durée de la garantie (10 ans à compter de la réception) l'article L 30 du Code de la Construction se contente de procéder par renvoi *« aux dommages de la nature de ceux dont sont responsables les constructeurs, les fabricants et importateurs ou le contrôleur technique. »* (L 13 et L 20).

On peut donc en conclure que *« cette assurance prend effet après l'expiration du délai de garantie de parfait achèvement d'un an, à compter de la réception provisoire »* pour une durée de 10 ans.

→ **L'assurance tous risques chantier** valable pendant la phase de chantier et pendant les opérations de maintenance, garantit, en cours des travaux, les dommages matériels occasionnés accidentellement à l'ouvrage en construction et les biens se trouvant sur le chantier appartenant au maître de l'ouvrage ou qui lui sont confiés. Cette assurance garantit aussi, dans un délai de douze mois après réception provisoire, les dommages accidentels affectant tout ou partie de l'ouvrage consécutif à une négligence, maladresse ou fausse imputables aux intervenants assurés durant leurs visites de maintenance.

Toute entreprise d'assurance agréée conformément au Code des Assurances pour les risques de la construction est habilitée à prendre en charge les risques prévus au présent article.

Cette obligation ne s'applique pas à l'État lorsqu'il construit pour son propre compte.

Dans certains cas, visés par l'article L31 du Code de la construction, le promoteur peut être obligé à souscrire à une telle assurance.

III. Dispositions communes aux assurances de bâtiment

A/ Domaine

Les bâtiments et opérations concernés par l'obligation d'assurance [Article L32].

Les obligations d'assurance s'appliquent :

1) aux bâtiments neufs recevant du public ;

2) aux bâtiments anciens ou neufs nécessitant des reprises en sous-œuvre ou des travaux de soutènement d'ouvrage voisins, sur une hauteur supérieure à cinq mètres.

3) aux opérations de construction et ouvrage soumis à l'obligation de contrôle technique.

B/ La preuve de l'assurance (Article L33)

Les personnes soumises aux obligations d'assurance tous risques décennale doivent être en mesure d'en justifier l'accomplissement notamment en se conformant aux formalités fixées à cet effet par arrêté à conjoint du Ministre chargé des Assurances et du Ministre chargé de la Construction.

Cette justification doit être produite à toute réquisition et être jointe à la déclaration d'ouverture de chantier. En pratique, le constructeur devra obtenir une **attestation d'assurance**.

C/ QUE FAIRE EN CAS DE REFUS D'UNE COMPAGNIE D'ASSURANCE ?

La saisine du Ministère chargé des Assurances suite à un refus d'assurance (Articles L34 et L35).

Toute personne assujettie à l'obligation de s'assurer qui, ayant sollicité la souscription d'un contrat auprès d'une entreprise d'assurance dont les statuts n'interdisent pas la prise en charge du risque en cause en raison de sa nature, se voit opposer un refus, peut saisir le Ministère chargé des assurances.

Toute entreprise d'assurance qui maintient son refus de garantir un risque dont la prime a été fixée par l'autorité compétente est considérée comme ne fonctionnant plus conformément à la réglementation en vigueur et encourt les sanctions prévues par le Code des Assurances à cet effet.

En effet, dès lors que le Code de la Construction pose comme principe que l'assurance décennale est obligatoire, les compagnies ont l'obligation d'assurer. La règle s'applique à toutes sociétés d'assurance.

D/ L'OPTION D'ACTION DIRECTE CONTRE L'ASSUREUR EN CAS DE RÈGLEMENT JUDICIAIRE OU LIQUIDATION DE BIEN DE L'ASSURÉ (ARTICLE L36)

Les victimes des dommages prévus en matière de caractéristiques acoustiques, de responsabilité des constructeurs d'ouvrage de contrôle technique et d'assurance des travaux de bâtiment, ont la possibilité d'agir directement contre l'assureur du responsable desdits dommages si ce dernier est en règlement judiciaire ou en liquidation de biens.

Cela suppose bien entendu que l'action devant les Tribunaux soit engagée avant la prescription de 10 ans à compter de la réception, si l'assureur n'a pas, avant ce délai, notifié son accord écrit pour couvrir le sinistre. Il convient de préciser que les conclusions d'un expert amiable mandaté par la compagnie d'assurance qui confirmerait la réalité des désordres sur le plan technique n'engagent pas cette dernière, la compagnie d'assurance étant libre de réserver sa position sur le plan juridique.

E/ Les garanties minimum obligatoirement fournies (Article L37)

Tout contrat d'assurance souscrit par une personne assujettie à l'obligation d'assurance en vertu de la présente section est, nonobstant toute clause contraire, réputé comporter des garanties au moins équivalentes à celles figurant dans les clauses types fixées par Le Ministre chargé des Assurances.

La clause type établit le seuil de la garantie. Tout ce qui diminue le contenu de cette garantie (plafond, franchise, déchéance) est **inopposable à l'assuré.**

CHAPITRE 4

SANCTIONS DE LA VIOLATION DES RÈGLES D'URBANISME ET DE LA CONSTRUCTION

Les infractions aux règles d'urbanisme et de construction entraînent des sanctions pénales.

Toute personne peut les dénoncer auprès des autorités compétentes, notamment le Parquet, étant précisé qu'il existe une Direction spécialisée auprès du Ministère de l'urbanisme et de l'habitat chargée de constater les infractions et d'établir les procès-verbaux transmis au Parquet.

Il s'agit de la Direction de la Surveillance et du Contrôle de l'Occupation du Sol (DSCOS).

SECTION 1 : LES SANCTIONS PRÉVUES PAR LE CODE DE L'URBANISME

Les dispositions relatives aux sanctions de la violation des règles d'urbanisme sont prévues par les articles 74 à 88 de la loi n° 2008-43 du 20 août 2008 portant partie législative du Code de l'Urbanisme et par les articles R.374 à R.380 du Décret n° 2009-1450 du 30 décembre 2009 portant partie réglementaire du Code de l'Urbanisme.

I. CONTRÔLE, CONSTITUTION DE PARTIE CIVILE

Compétence pour constater les infractions concernant les espaces verts (Article 74).

En ce qui concerne les espaces verts, les infractions aux dispositions du présent Code sont constatées par les officiers de police judiciaire et par tous fonctionnaires ou agents de l'État et des collectivités publiques commissionnés à cet effet, par le Ministère chargé de l'Urbanisme et assermentés à cet effet.

Compétence pour constater les infractions en matière d'urbanisme (Articles 75 et R373)

« Les procès-verbaux établis par les agents désignés à l'article 73, à la suite de la constatation des infractions, sont transmis, sans délai en original au service chargé de la surveillance et du contrôle de l'occupation du sol qui, au besoin, saisira le ministère public.

En cas de construction réalisée en infraction aux dispositions du présent Code, l'interruption des travaux doit être ordonnée d'office par l'agent chargé du contrôle ».

« *Les infractions aux dispositions du Code sont constatées et poursuivies dans les conditions fixées par la loi. Elles font l'objet de procès-verbaux dressés par les officiers de police judiciaire ou par tous fonctionnaires ou agents de l'État ou des collectivités publiques dûment commissionnés à cet effet. Ils sont assermentés.Le constat de l'infraction est établi par procès-verbal.*

Le procès-verbal établi par deux agents assermentés fait foi jusqu'à preuve du contraire.

Lorsqu'il est établi par un agent assermenté sur le rapport de deux agents non assermentés, il fait foi jusqu'à preuve du contraire.

Les procès-verbaux des infractions à la police des encombrements sont transmis au procureur de la république et au directeur chargé du désencombrement des voies et espaces publics ainsi qu'à l'autorité territorialement compétente. »

Compétence des associations agréées pour exercer les droits dévolus aux parties civiles (Article 76)

« *Toute association ayant été agréée peut exercer les droits reconnus à la partie civile en ce qui concerne les infractions constatées.* »

II. SANCTIONS

Elles sont régies par les articles 77 à 87 de la loi, et les articles R 374 à R 380 du décret d'application notamment pour les constructions et occupations irrégulières du sol, et l'encombrement de la voie et des espaces publics.

A/ DISPOSITIONS GÉNÉRALES

Secret professionnel en matière d'urbanisme (Article 77)

« Les techniciens impliqués dans les études des plans d'urbanisme et la réalisation des projets d'aménagement sont tenus au secret professionnel.

La violation du secret professionnel est sanctionnée conformément aux dispositions de l'article 363 du Code pénal. »

Répartition du produit des amendes (Article 88)

« Le produit des amendes prononcées en application du présent code est réparti conformément aux dispositions de la loi organique n° 2001-09 du 15 octobre 2001 relative aux lois de finances et du Code des Collectivités locales.

Ce produit est réparti de la manière suivante :

- 60 % pour la collectivité locale concernée ;
- 20 % pour l'État ;
- 20 % pour les agents verbalisateurs. »

B/. Sanctions relatives à la réglementation des espaces verts (Article 78)

« Toute personne qui aura porté atteinte à l'intégrité d'un parc, d'un jardin ou d'un espace vert tel que défini par le présent Code, soit par :

- destruction ou altération du site naturel ;
- enlèvement ou coupe d'arbres ou arbustes ;
- extraction d'une partie du sol ou du sous-sol ;
- détérioration des clôtures, bancs ou tout autre matériel est punie d'une amende de 50.000 francs CFA à 5.000.000 de francs CFA et d'un emprisonnement d'un mois à six mois ou de l'une de ces peines seulement. »

C/ Sanctions relatives aux constructions menaçant ruine (Article 79)

« *L'autorité compétente pourra prescrire la réparation ou la démolition des murs, bâtiments ou édifices quelconques lorsqu'ils menacent ruine et qu'ils pourraient, par leur effondrement, compromettre la sécurité ou lorsque d'une façon générale, ils n'offrent pas les garanties de solidité.*

Le ravalement peut être prescrit dans le cas où les façades présentent un caractère inesthétique et vétuste.

Sera puni d'une amende de 50.000 francs CFA à 1.000.000 de francs CFA et d'un emprisonnement d'un mois à six mois ou de l'une de ces peines seulement tout propriétaire qui, après mise en demeure ne répare pas ou ne démolit pas une construction menaçant ruine.

Un décret précisera, en tant que de besoin, les modalités d'application de ces dispositions relatives aux constructions menaçant ruine.

Toutefois, les démolitions d'immeubles classés monuments historiques ou situés dans un secteur sauvegardé présentant un intérêt touristique ou historique sont soumises à autorisation administrative préalable délivrée par le Ministre chargé de l'Urbanisme après accord du Ministre chargé des Monuments et Sites historiques ou, le cas échéant, du Ministre chargé du Tourisme, Le manquement à cette obligation est puni conformément à la législation en vigueur sur les sites et monuments historiques.

L'autorisation de démolir ne peut être refusée lorsque la démolition est le seul moyen de mettre fin à la ruine de l'immeuble. »

D/ SANCTIONS RELATIVES AUX LOTISSEMENTS

Réalisation d'un lotissement sans autorisation ou sans respecter les prescriptions édictées par l'autorisation (Articles 80, 81 et 82)

« *La réalisation d'un lotissement sans autorisation préalable ou le non-respect des prescriptions édictées par l'autorisation de lotir sont passibles d'une amende de cinq millions à vingt millions de francs et d'un emprisonnement de six mois à deux ans ou de l'une de ces deux peines seulement. Les géomètres, entrepreneurs ou toutes autres personnes ayant concouru à l'exécution et à la commercialisation dudit lotissement sont passibles des mêmes peines. L'action en nullité des ventes ou locations concernent les terrains compris dans ce lotissement est poursuivie devant le tribunal par l'autorité administrative, les acquéreurs ou les locataires sans préjudice de tous dommages et intérêts et restitutions.* »

« *Si les vérifications faites révèlent que les travaux exécutés ne sont pas conformes aux prescriptions de l'arrêté d'autorisation, il est dressé procès-verbal de l'infraction.* »

« *Lorsque les prescriptions imposées par l'arrêté d'autorisation n'auront pas été respectées, le tribunal pourra prononcer les peines prévues à l'article 80, et en outre, imposer un délai au lotisseur pour mettre les travaux en conformité avec lesdites prescriptions, sous peine d'une astreinte définitive de 30.000 francs CFA à 300.000 francs CFA par jour de retard ; l'astreinte prononcée court à partir de l'expiration dudit délai fixé par le jugement jusqu'au jour où les travaux sont définitivement achevés.*

L'autorité administrative peut faire effectuer les travaux d'office aux frais et risque du lotisseur si à l'expiration du délai fixé par le jugement les travaux n'ont pas été mis en conformité avec les prescriptions de l'arrêté d'autorisation.

Les astreintes prononcées sont recouvrées par le Trésor.

Après l'achèvement des travaux, le tribunal peut autoriser le reversement d'une partie des astreintes, si le lotisseur établit qu'il a été empêché d'observer par les circonstances indépendantes de sa volonté, le délai qui lui a été imparti. »

Prohibition de publicité, de promesse de vente ou de location avant arrêté d'autorisation de lotir (Article 83)

« Aucune publicité, sous quelques formes que ce soit, ne peut être entreprise, aucune promesse de vente ou de location ne peut être consentie avant l'arrêté d'autorisation prévu par la réglementation en matière de lotissement.

Les affiches, annonces, tracts et tous les moyens de publicité doivent faire connaître la date de l'arrêté d'autorisation et préciser le lieu de dépôt du projet autorisé.

Ils ne doivent porter aucune indication non conforme aux prescriptions dudit arrêté ou susceptible de causer une méprise dans l'esprit des acquéreurs sur les charges et conditions auxquelles le lotissement entend subordonner la vente ou la location des lots.

Toute infraction aux dispositions du présent article est passible d'une amende de 100.000 francs à 1.000.000 de francs.

En cas de récidive, le maximum de l'amende est porté à 5.000.000 de francs. »

Obstacle à la visite des lieux par l'Administration (Article 84)

« Quiconque fait obstacle à l'exercice du droit reconnu à l'autorité administrative compétente, de procéder à tout moment à la visite des lieux et aux vérifications qu'elle juge utiles, est puni d'une amende de 20 000 à 100 000 francs et d'un emprisonnement de six mois à deux ans, ou de l'une de ces peines seulement. »

E/ SANCTIONS RELATIVES À L'AUTORISATION DE CONSTRUIRE

Absence d'autorisation de construire (Article 85)

« *Toute personne qui réalise ou entreprend, fait réaliser ou fait entreprendre, modifie ou fait modifier des constructions ou installations sans autorisation administrative ou en violation des dispositions législatives ou réglementaires en vigueur, est punie d'une amende de 100.000 à 10.000.000 francs.*

Les maîtres d'œuvre, entrepreneurs ou toute autre personne ayant concouru à l'exécution desdites constructions ou installations sont punies des mêmes peines.

Lorsque les constructions ou installations ont été entreprises ou réalisées dans une zone non lotie, les peines sont une amende de 100.000 à 2.000.000 de francs et un emprisonnement de dix mois à deux ans ou de l'une de ces deux peines seulement.

Le tribunal peut, sur la requête de l'administration ou d'office, ordonner la démolition des constructions édifiées en contravention aux dispositions applicables et la remise en état des lieux, aux frais du condamné.

Le service chargé de la surveillance et du contrôle de l'occupation du sol peut procéder, après les formalités d'usage, à la démolition des constructions édifiées en contravention des dispositions applicables au présent Code.

Tout propriétaire ou exploitant d'établissement recevant du public, qui exerce en contravention aux dispositions de sécurité prévues par le présent code et des décrets d'application, ou qui ouvre ou maintient ouvert l'établissement sans autorisation administrative ou qui accepte le public en dépassement de l'effectif fixé pour la catégorie à laquelle appartient, l'établissement est puni d'une amende de 100.000 à 2.000.000 de francs et d'un emprisonnement de six mois à deux ans ou de l'une de ces deux peines seulement.

En outre, en cas de récidive, l'établissement est fermé soit définitivement soit pour une durée déterminée. Les membres de la commission régionale de la protection civile, habilités à cet effet, peuvent constater les infractions aux mesures de sécurité. »

Démolition ou remise en état des lieux (Articles 86 et R.378)

« *L'autorité chargée du contrôle peut procéder d'office, après sommation, à la démolition et à la remise en état des lieux aux frais de l'intéressé, après avoir fait établir la description contradictoire des biens à détruire lorsque la construction est édifiée sur un terrain occupé sans droit ni titre.*

L'autorité administrative compétente peut retirer ou suspendre l'autorisation d'ouverture d'un établissement recevant du public et faire procéder d'office à la fermeture soit, si une mise en demeure n'a pas été suivie d'effet dans le délai de deux mois, soit sur le champ, lorsqu'à l'issue d'une visite de sécurité des établissements recevant du public ne sont pas observées, et que l'infraction est de nature à compromettre la sécurité publique. »

« *Le service chargé de la surveillance et du contrôle de l'occupation du sol comme les comités régionaux et départementaux de surveillance et du contrôle de l'occupation du sol, peuvent procéder, après les formalités d'usage, à la démolition des constructions ci-après ;*

- *Constructions édifiées sur un terrain occupé sans droit ni titre quelle que soit son importance ;*
- *Constructions entreprises sans autorisation si les travaux ne dépassent pas le niveau de mur de clôture ou si le bâtiment ne dépasse pas une hauteur de 2 mètres ;*
- *Constructions de type précaire, genre baraques, cantines, kiosques, etc.*

Au cas où une décision de justice, ordonnant la démolition des constructions, n'a pas été exécutée dans les délais imposés, le contrevenant devra rembourser tous les frais engagés, sous forme d'avance, par l'organisme ou la personne qui aura procédé à ladite démolition. »

Responsabilité de l'État pour la fermeture, la démolition ou la remise en état des lieux en cas d'inexistence de délit ou d'illégalité de la décision (Article 87)

« *Dans le cas prévu à l'article 81, la responsabilité de l'État est engagée du fait de la fermeture, de la démolition et de la remise en état des lieux, si une décision judiciaire définitive constate l'inexistence du délit ou l'illégalité de la décision administrative ayant ordonné la démolition ou la fermeture.* »

Absence d'information relative à l'autorisation de construire (Article R.374)

« Toute personne qui entreprend une construction sans signaler le chantier par un panneau portant indication du numéro et de la date de

l'autorisation de construire, ou qui ne peut justifier son autorisation au moment de la visite des agents de constatation, est passible d'une amende conformément à l'article 85 de la loi n° 2008-43 du 20 août 2008 portant partie législative du Code de l'Urbanisme.

Les sommes recouvrées sont versées dans les caisses du Trésor et réparties conformément à l'article 88 de la loi n° 2008-43 du 20 août 2008 portant partie législative du présent Code. »

Interruption des travaux en l'absence de présentation d'autorisation de lotir (Article R 375 et R.376)

« Le service chargé du contrôle et de la surveillance de l'occupation du sol peut procéder à l'interruption des travaux de lotissement ou de construction jusqu'à la présentation par le propriétaire ou son mandataire de l'autorisation de lotir ou de construire. Une sommation d'arrêt des travaux et notifiée à ce dernier. Le service peut prendre toutes mesures de coercition nécessaires pour assurer l'application immédiate de l'interruption des travaux en procédant notamment à la saisie des matériaux approvisionnés et du matériel de chantier. »

« Si les vérifications faites révèlent que les travaux exécutés ne sont pas autorisés ou ne sont pas conformes aux prescriptions de l'arrêté d'autorisation, il est dressé procès-verbal de l'infraction. L'interruption des travaux peut être ordonnée jusqu'au jugement définitif sur les poursuites, par le tribunal compétent. »

Infraction à une décision d'interruption de travaux (Article R 377)

« Dans le cas où les travaux se poursuivent en violation du jugement du tribunal ou de la sommation du service chargé de la surveillance et du contrôle de l'occupation du sol ordonnant leur interruption, les sanctions prévues aux articles 80 et 85 de la loi n° 2008-43 du 20 août 2008 portant partie législative du présent Code sont applicables. »

SECTION 2 : LES SANCTIONS DU CODE DE LA CONSTRUCTION

Impossibilité de travailler pour une collectivité publique suite à une infraction en matière d'urbanisme et de droit de la construction (Article L22)

Les architectes, techniciens, entrepreneurs, tâcherons, artisans ou autres personnes responsables de l'exécution de constructions ayant donné lieu postérieurement à la promulgation de la présente loi à une condamnation réprimant les infractions aux règles applicables en matière d'urbanisme et de construction ne sont plus admis, temporairement ou définitivement, à prêter leurs services à l'État, aux collectivités locales, ainsi qu'aux établissements publics et organismes relevant de ces collectivités. L'exclusion temporaire ou définitive est prononcée, après avis d'une commission.

Toutes les sociétés de construction de bâtiments, suivant contrat d'entreprise, sont soumises aux dispositions juridiques relatives aux qualifications et classifications des entreprises, entrepreneurs et artisans de bâtiments et des travaux publics.

Interruption des travaux (Article L 145)

Dès qu'un procès-verbal relevant une des infractions prévues à l'article L 143 a été dressé, l'agent habilité peut, tant que l'autorité judiciaire n'est pas encore saisie, ordonner l'interruption des travaux par une décision motivée.

L'interruption des travaux, pour une période n'excédant pas six mois, peut être ordonnée d'office par le Maire de la Ville, le Président du Conseil rural ou leur représentant assermentés jusqu'au jugement par le tribunal compétent.

Le tribunal est saisi par le Maire de la Ville, le Président du Conseil rural ou leur représentant.

Absence d'assurance tous risques obligatoire et d'assurance décennale (Article 146)

Quiconque contrevient aux dispositions des articles L 30 et L 31 sera puni d'un emprisonnement de deux à 3 mois et d'une amende de cinq cent mille francs (500.000 F) à un million (1 million) ou de l'une de ces deux peines seulement.

Les dispositions de l'alinéa précédent ne s'appliquent pas à la personne physique construisant un logement pour l'occuper elle-même ou le faire occuper par son conjoint, ses ascendants, ses descendants ou ceux de son conjoint.

Continuation de travaux suivant une décision d'interruption (Article L147)

En cas de continuation des travaux nonobstant la décision judiciaire ou l'arrêté en ordonnant l'interruption, une amende d'un million de francs CFA (1.000.000 F) à deux millions (2.000.000F) et un emprisonnement de trois mois à 06 mois, ou l'une de ces deux peines seulement, sont prononcés par le tribunal contre les personnes mentionnées au 3e alinéa de l'article L 148.

Exécution de travaux ou utilisation du sol en méconnaissance des obligations visées aux articles L2, L5, L6, L9 et L57 (Articles L148, L149 et 144)

L'exécution de travaux ou l'utilisation du sol en méconnaissance des obligations imposées par les articles L 2, L 5, L 6, L9 et L 57, par les règlements pris pour leur application ou par les autorisations délivrées en conformité avec leurs dispositions, est punie d'une amende de un million de francs CFA (1.000.000 F) à deux millions (2.000.000F).

En cas de récidive, la peine d'amende sera portée à trois millions de francs (3.000.000 F) et un emprisonnement d'un an pourra en outre être prononcé.

Les peines prévues à l'alinéa précédent peuvent être prononcées contre les utilisateurs du sol, les bénéficiaires des travaux, les architectes, les entrepreneurs, tâcherons, artisans ou toutes ~~les~~ autres personnes responsables de l'exécution desdits travaux.

Ces peines sont également applicables :

1. en cas d'inexécution, dans les délais prescrits, de tous travaux accessoires d'aménagement ou de démolition imposés par les autorisations visées au premier alinéa ;

2. en cas d'inobservation, par les bénéficiaires d'autorisations accordées pour une durée limitée ou à titre précaire, des délais impartis pour le rétablissement des lieux dans leur état antérieur ou la réaffectation du sol à son ancien usage.

En cas de condamnation pour une infraction prévue à l'article L 148, le tribunal compétent, au vu des observations écrites ou après audition du fonctionnaire compétent, statue soit sur la mise en conformité des lieux ou celle des ouvrages avec les règlements, l'autorisation administrative ou le permis de construire, soit sur la démolition des ouvrages ou la réaffectation du sol en vue du rétablissement des lieux dans leur état antérieur.

Les infractions aux dispositions des articles L 2, L 5, L 6, L9, et L 57 sont constatées par tous officiers ou agents de police judiciaire ainsi que par tous les fonctionnaires et agents de l'État et des Collectivités Locales assermentés et commissionnés à cet effet par le Ministre chargé de la Construction. Les procès-verbaux dressés par ces agents sont transmis sans délai au Ministère Public.

Obstacle à l'exercice du droit de visite (Article L 150)

Quiconque aura fait obstacle à l'exercice du droit de visite prévu à l'article L 138 sera puni d'une amende de un million à deux millions de francs (1.000.000 à 2.000.000 F). En outre, un emprisonnement d'un mois pourra être prononcé.

Ravalement (Article L 151)

Le propriétaire qui n'aura pas exécuté les travaux de ravalement dans les délais prévus aux articles L 59 à L 62 est puni d'une amende de deux millions (2000000) à deux millions cinq cent mille (2500000) francs CFA.

En cas de récidive, l'amende sera de cinq millions (5.000.000) de francs CFA.

Versement avant autorisation (Articles L 153 et L154)

Toute personne qui aura exigé ou accepté un versement, un dépôt de fonds, une souscription ou une acceptation d'effets de commerce en violation des dispositions des articles L 75, L 76, L 85, L 104 et L 109 sera punie d'un emprisonnement de deux ans et d'une amende de cinq millions de francs (5.000.000 F) ou de l'une de ces deux peines seulement.

Toute personne qui exige ou accepte un versement en violation des dispositions des articles L 133 et L 134 est punie d'un emprisonne-ment de deux ans et d'une amende de cinq millions de francs (5 000 000 F) ou de l'une de ces deux peines seulement.

Ne sont pas considérés comme des versements au sens du présent article, les dépôts de fonds effectués dans un compte bancaire ouvert au nom du déposant et dont celui-ci peut à tout moment disposer sans restriction d'aucune sorte.

Contrôle technique (Article R.199)

Sera puni d'une amende de cinq cent mille à un million de francs CFA et d'une peine de un à deux mois d'emprisonnement le maître de l'ouvrage ou son mandataire qui aura entrepris ou poursuivi des travaux sans avoir fait procéder au contrôle technique dans le cas où celui-ci est obligatoire.

En cas de récidive, la peine d'amende sera portée à deux millions de francs CFA et l'emprisonnement à deux mois

Sanctions relatives aux immeubles de grande hauteur

Article R.200 :

Toute infraction aux dispositions relatives à l'obligation du propriétaire d'un immeuble à grande hauteur de se conformer aux normes de sécurité exigées est punie d'une peine d'amende de cinq cent mille francs CFA (500.000 FCFA) à un million de francs CFA (1.000.000 FCFA) et/ou d'un emprisonnement d'un mois et, en cas de récidive, d'un emprisonnement de deux mois.

Est puni des mêmes peines tout propriétaire qui fait occuper totalement ou partiellement un immeuble sans que soit constaté le respect des prescriptions de sécurité.

Dans ce cas, l'amende est appliquée autant de fois qu'il y a eu de journées d'occupation de l'immeuble sans autorisation.

Article R.201 :

Toute infraction aux dispositions relatives à l'obligation pour le propriétaire d'assister aux visites de contrôle prévues lors de la construction est punie d'une peine d'amende de cinq cent mille francs CFA (500.000) FCFA à un million (1.000.000) FCFA.

En cas de récidive, la peine d'amende peut être portée à deux millions F.CFA (2.000.000 FCFA).

Article R.202 :

Ceux qui mettent obstacle à l'exécution des fonctions incombant, en application des dispositions du présent chapitre, aux membres de la Commission Régionale de la Protection Civile et à ceux de la Commission Technique interministérielle des immeubles de grande hauteur sont punis des peines prévues aux articles ci-dessus.

Sanctions relatives aux immeubles recevant du public

Article R.203 :

Tout constructeur, propriétaire, exploitant d'un établissement soumis aux dispositions du présent chapitre qui contrevient aux dispositions du règlement en vigueur, est puni d'une peine d'amende de cinq cent mille francs CFA (500.000 FCFA) à un million de francs CFA (1.000.000 FCFA).

Est puni des mêmes peines tout constructeur, propriétaire, exploitant qui ouvre un établissement au public sans les visites de contrôle et sans l'autorisation d'ouverture. Dans ces deux cas, l'amende est appliquée autant de fois qu'il y a de journées d'ouverture sans visite de contrôle, sans autorisation ou sans déclaration d'ouverture.

Article R.204 :

Quiconque fait obstacle à l'exercice du droit de visite prévu lors de la construction est puni d'une peine d'amende de cinq cent mille francs CFA (500.000 FCFA) à un million de francs CFA (1.000.000 FCFA).

En cas de récidive, la peine d'amende peut être portée à deux millions de francs CFA (2.000.000 FCFA).

Est puni des mêmes peines tout propriétaire ou exploitant qui refuse d'assister aux visites des Commissions compétentes ou qui ne tient pas de registre de sécurité où sont mentionnés l'état du personnel, les dates des différentes visites, les dates des travaux d'aménagement ou de transformation, les diverses consignes, etc.

LIVRE 4

L'IMMEUBLE BÂTI

Le livre 4 est divisé en deux parties qui traitent respectivement :

- des différents modes d'organisation et de gestion d'un **immeuble bâti** ou d'un **groupe d'immeubles bâtis,** telles que la copropriété et les associations syndicales libres
- des rapports locatifs : baux d'habitation, professionnels et commerciaux

PREMIÈRE PARTIE

ORGANISATION ET GESTION DE L'IMMEUBLE BÂTI

La première partie regroupe l'étude des différents modes d'organisation et de gestion d'un **immeuble bâti** ou d'un **groupe d'immeubles bâtis** comportant des éléments collectifs dont la propriété et l'usage appartiennent généralement à l'ensemble des propriétaires des locaux privatifs.

La formule la plus souvent rencontrée en pratique est **la copropriété** régie par la **Loi n° 88-04 du 16 juin 1988 et son décret d'application n° 2002-160 du 15 février 2002, lesquels sont d'ordre public et s'appliquent de plein droit** *« à défaut de convention contraire créant une organisation différente aux ensembles immobiliers comportant des parcelles bâties ou non, faisant l'objet de droits de propriété privatifs »* (**Article 1 de la Loi n° 88-04 du 16 juin 1988**).

Cette « *organisation différente* » résulte généralement de la création d'une **association syndicale de propriétaires** dans les lotissements.

TITRE 1

LA COPROPRIÉTÉ DES IMMEUBLES BÂTIS

• **La division de l'immeuble en copropriété** est régie par les articles 2 à 7 de la Loi n° 88-04

• **Les droits des copropriétaires sur leur lot** sont régis par les articles 8 et 9 de la Loi n° 88-04 et les articles 1 à 4 du Décret n° 2002-160

• **Les obligations des copropriétaires** sont régis par les articles 10 à 12 de la Loi n° 88-04 et l'article 37 du Décret n° 2002-160

• **La vente des lots** est régie par l'article 20 de la Loi n° 88-04 et les articles 5, 6 et 59 du Décret n° 2002-160

• **Le fonctionnement de la copropriété**

1. Comme dans la loi française, l'organe délibérant est **l'Assemblée générale des copropriétaires** régie par les articles 22 à 26 de la Loi n° 88-04 et les articles 7 à 21 du Décret n° 2002-160

2. L'organe exécutif est **le syndic** (articles 17 et 18 de la Loi de 1988, et articles 30 à 44 du Décret de 2002)

L'exercice des activités de syndic professionnel et d'administrateur provisoire de copropriété étaient non-réglementées jusqu'en 2009. Ces activités sont désormais organisées par les articles L156 à L160 de la loi n° 2009-23 du 8 juillet 2009 portant partie législative du Code de la construction et par les articles R.2007 à R.217 du Décret n° 2010/99 du 27 janvier 2010 portant partie réglementaire du même Code.

En cas d'indisponibilité de la carte de syndic professionnel auprès des administrations compétentes, il est fortement conseillé pour éviter toute difficulté de former une demande de carte auprès de la préfecture territorialement compétente, si vous exercez l'activité de syndic à titre professionnel (agence immobilière) et d'être titulaire d'une carte permettant d'exercer l'activité de gestion immobilière à jour (voir ci-dessus la partie de l'ouvrage consacrée aux agents immobiliers).

3. Le syndic est assisté et contrôlé par le **Conseil syndical** dont les règles de fonctionnement sont définies par les articles 21 de la loi de 1988 et 24 à 29 du Décret de 2002.

• **Les garanties du syndicat** sont régies par l'article 19 de la Loi n° 88-04

• **Le régime des améliorations, additions de locaux privatifs et surélévations** est régi par l'article 27 de la Loi n° 88-04 et les articles 22, 30 et 32 du Décret n° 2002-160

• **Les droits accessoires aux parties communes** sont régis par l'article 3 de la Loi n° 88-04

• **La reconstruction** est régie par les articles 64 à 67 du Décret n° 2002-160

• **Les syndicats secondaires et les scissions de copropriété** sont régis par l'article 25 de la Loi n° 88-04 et les articles 11 et 12 puis 45 à 47 du Décret n° 2002-160

• **Le syndicat des copropriétaires** est régi par les articles 14 et 16 de la Loi n° 88-04 et les articles 29 et 64 à 67 du Décret n° 2002-160

• **Enfin, Les actions en justice dans la copropriété** sont régies par les articles 15, 18, 19, 33 et 51 de la Loi n° 88-04, les articles 12, 27, 51, 54, 57 et 69 du Décret n° 2002-160 et l'article R 217 du décret n° 2010/99 du 27 janvier 2010 portant Code de la Construction lequel dispose : *« Le syndic ne peut agir en justice au nom du syndicat sans y avoir été autorisé par une décision de l'assemblée générale.*

Une telle autorisation n'est pas nécessaire pour les actions en recouvrement de créance, la mise en œuvre des voies d'exécution forcée à l'exception de la saisie en vue de la vente d'un lot, les mesures conservatoires et les demandes qui relèvent des pouvoirs du juge de référés, ainsi que pour défendre aux actions intentées contre le syndicat.

Dans tous les cas, le syndic rend compte à la prochaine assemblée générale des actions introduites. »

L'apport le plus important de ce texte depuis la loi de 1988 sur la copropriété et son décret d'application de 2002 est la possibilité de saisir le juge des référés pour tous les litiges qui rentrent dans sa compétence, sans qu'il soit nécessaire pour le syndic d'avoir une autorisation de l'assemblée générale.

Il faut saluer cette innovation car l'urgence, qui est la condition essentielle pour saisir le juge des référés, ne permet pas d'attendre la prochaine assemblée générale pour agir. (Travaux entrepris sans autorisation par un copropriétaire nécessitant un référé s'il refuse de les interrompre, désignation d'un expert en cas de désordres dans la copropriété, etc.).

Pour aller plus loin, voir :

***Guide pratique de la copropriété au Sénégal* par Maître Franck ZEITOUN.**

TITRE 2

L'ASSOCIATION SYNDICALE DE PROPRIÉTAIRES ET LES DIFFÉRENCES AVEC LA COPROPRIÉTÉ HORIZONTALE

SECTION 1 : LA CRÉATION D'UNE ASSOCIATION SYNDICALE DE PROPRIÉTAIRES EST-ELLE OBLIGATOIRE ?

En matière de lotissement, il est de pratique courante de faire figurer dans les actes de vente une clause obligeant les acheteurs à respecter le cahier des charges, **lequel les oblige** à adhérer à l'association syndicale de propriétaires.

En effet, si la voirie et des emplacements destinés aux équipements publics entrent normalement gratuitement dans le Domaine communal ou le Domaine de l'État, certaines parties du lotissement peuvent ne pas être concernées. Pour prévoir la gestion et l'entretien des parties n'étant pas prises en charge par la Collectivité locale ou l'État, **le lotisseur devra créer une association syndicale de propriétaires**. Les statuts de cette association sont l'une des pièces du dossier de demande d'autorisation de lotir. (**Article R.150 – 5° du Décret n° 2009-1450 du 30 décembre 2009 portant partie réglementaire du Code de l'urbanisme**).

Chaque acquéreur d'un lot devient automatiquement membre de l'association syndicale. Il dispose alors d'un droit de vote au sein de l'assemblée et participe aux charges de l'association.

Conseil : Si l'association ne gère et n'entretient normalement que les parties dont l'État ou la Collectivité n'a pas la propriété, il peut être préférable d'étendre cet entretien aux parties gérées par l'État et la Collectivité afin de garantir une certaine homogénéité au sein du lotissement.

SECTION 2 : GESTION DU LOTISSEMENT

Les organes du lotissement sont :

1/ l'Assemblée générale qui comprend les propriétaires des lots du lotissement, dits co-lotis.

2/ Le syndicat de l'association syndicale se compose de membres élus par l'AG appelés les syndics, **à ne pas confondre avec le Syndic dans les copropriétés.**

3/ Le Président du syndicat représente l'association en justice et dans tous les actes juridiques

Le Président a la possibilité **de déléguer la mise en œuvre** de ses décisions à un professionnel (administrateur de biens, agence immobilière), qui sera appelé **le Directeur**, mais ce professionnel n'a aucun pouvoir et ne peut prendre aucune initiative, ce droit appartenant exclusivement au Président.

L'association syndicale qui n'a la personnalité morale qu'après l'accomplissement des formalités de publicité légale en préfecture est une personne de **droit privé, relevant des tribunaux judiciaires.**

Pour aller plus loin, voir :

– Les articles 41 à 45 de la loi n° 2008-43 du 20 août 2008 portant Code de l'Urbanisme.

– Les articles R.145 à R.171 du Décret n° 2009-1450 du 30 décembre 2009 portant partie réglementaire du Code de l'Urbanisme.

SECTION 3 : COPROPRIÉTÉ HORIZONTALE ET LOTISSEMENT : QUELLES DIFFÉRENCES ?

I. DÉFINITION DE LA COPROPRIÉTÉ HORIZONTALE

Par opposition à la copropriété verticale qui vise les immeubles, on parle de **copropriété horizontale** pour un ensemble de maisons individuelles construites **sur un terrain commun**, divisé en zones de jouissance.

La copropriété horizontale est spécialement conçue pour régir un ensemble de maisons individuelles.

Comment est constitué ce type de copropriété ?

Dans une copropriété horizontale, le copropriétaire n'est pas propriétaire du terrain sur lequel est édifié son pavillon.

Un promoteur réalise un programme immobilier de construction de pavillons sur un terrain qui lui appartient avant division. Le terrain est divisé en lots, chaque lot comprenant :

- une partie privative : le pavillon,

- une quote-part des parties communes :
  - la portion de terrain sur laquelle est construite la maison,
  - les bâtiments et équipements communs (voirie, piscine, tennis, etc.) selon la valeur de son lot.

La propriété du terrain est la propriété indivise de tous les copropriétaires.

II. Pourquoi construire une copropriété horizontale plutôt qu'un lotissement ?

Le promoteur peut choisir la solution de la copropriété, **faute d'avoir obtenu l'autorisation de lotir, puisque ces deux opérations n'ont rien à voir l'une avec l'autre.**

- Dans un lotissement, le lotisseur vend, sous réserve d'obtention de l'autorisation de lotir et après division **de son terrain**, des parcelles nues, à charge pour l'acquéreur, que l'on appelle co-loti, soit de choisir un constructeur, soit de confier au lotisseur la construction de sa maison.

- Au contraire, dans une copropriété, le promoteur vend des **lots bâtis,** et n'est pas nécessairement propriétaire du sol (il peut parfaitement être titulaire d'un droit réel tel qu'un bail emphytéotique, ou n'avoir aucun droit sur le sol, à charge pour chaque acquéreur de faire son affaire personnelle de l'obtention d'un titre d'occupation).

- Dans un lotissement, **chaque co-loti est propriétaire de son terrain alors que dans la copropriété, le terrain d'assise est la propriété indivise de l'ensemble des copropriétaires** au prorata de leurs millièmes.

Conséquence : dans un lotissement les lots sont à la fois fonds servant et fonds dominant sur l'ensemble des aménagements et ouvrages d'intérêt collectif n'étant pas entrés dans le Domaine de l'État ou de la Collectivité locale. Au contraire dans une copropriété les parties communes sont la propriété indivise des copropriétaires.

- Enfin, la copropriété ne peut être établie **que sur un ensemble homogène** alors que le lotissement vise un ensemble plus **hétérogène**.

Dans une copropriété, **la règle est l'harmonie** entre les différents lots alors que dans un lotissement, chaque propriétaire est libre de modifier son bien comme il le souhaite, sauf interdiction prévue par le cahier des charges ou le règlement.

Copropriété horizontale

- Le terrain est la propriété de tous les copropriétaires, sauf bail emphytéotique
- La gestion doit être confiée à un syndic.
- Il existe des parties communes, d'où des charges.
- La copropriété horizontale est soumise au régime de la copropriété.

Lotissement

- Le terrain appartient au propriétaire de la maison.
- Obligation de créer une association syndicale libre (il n'y a ni syndic ni conseil syndical)
- Il n'existe pas nécessairement de parties ou d'équipements communs.
- Seuls les équipements ou les parties communes sont soumis au régime de la copropriété.

DEUXIÈME PARTIE

LES RAPPORTS LOCATIFS

TITRE 1

DISPOSITIONS COMMUNES AUX BAUX D'HABITATION ET AUX BAUX COMMERCIAUX ET À USAGE PROFESSIONNEL

Introduction :

Les dispositions communes se trouvent aux articles 544 à 566 du Code des Obligations Civiles et Commerciales

On les retrouve dans l'Acte Uniforme du Traité de l'OHADA, régissant les baux commerciaux (Articles 73 à 83 Droit commercial général).

Définition : le louage est le contrat par lequel le bailleur s'oblige à fournir au preneur, pendant un certain temps, la jouissance d'une chose contre paiement d'un loyer.

Sauf dispositions contraires, le bail peut être passé par écrit ou verbalement.

À défaut d'écrit, l'article 546 du COCC dispose que le bail se prouve selon les règles du droit commun, ce qui n'est pas toujours facile à faire à défaut de quittance.

Nous vous conseillons donc d'établir un bail ~~par~~ devant notaire – cela s'appelle un acte authentique – ou par acte sous seing privé ce qui vous permettra d'apporter aisément la preuve de vos droits et par conséquent celle des obligations du propriétaire bailleur.

Cet écrit doit être établi en autant d'exemplaires qu'il y a de parties. Chaque exemplaire doit porter mention du nombre d'exemplaires en circulation.

Le bureau de l'enregistrement reçoit également un exemplaire.

En dehors des considérations d'ordre fiscal, l'enregistrement du bail offre un avantage : cela lui donne date certaine et devient opposable aux tiers.

Préalablement à la signature du bail écrit, il est recommandé de bien lire le projet pour vérifier si des clauses ou dispositions essentielles sont conformes au COCC (ou à l'acte uniforme de l'OHADA s'il s'agit d'un bail commercial ou professionnel).

Les indications qui s'y rapportent permettent de vous édifier sur l'étendue de la jouissance que vous allez avoir sur les locaux, ses annexes ou dépendances et partant de pouvoir vérifier leur consistance, leur conformité et leur caractère utilitaire au moment de votre entrée dans les lieux.

Avant de vous engager, assurez-vous que le loyer proposé correspond bien au prix du marché pour des locaux de standing identique situés dans la même zone.

S'agissant des conditions de révision de loyer, référez vous aux conditions contractuelles de révision du loyer, telles que prévues par la loi.

Avant l'occupation des lieux, il est obligatoire d'établir un état contradictoire des lieux. (Articles 581 et 582 du COCC)

Cet état des lieux peut également être établi par un Huissier de justice, dont les honoraires sont tarifés, en présence des parties ou de leur représentant respectif. Dans ce cas, ils sont supportés par moitié. Si le locataire souhaite recourir à un huissier alors que le propriétaire est d'accord pour établir un état des lieux à l'amiable, le locataire en supportera seul les frais.

Dans l'hypothèse où le propriétaire est représenté au contrat par un tiers, nous vous conseillons d'exiger de ce dernier, un certificat d'inscription au Registre du Commerce et un mandat de gestion original en bonne et due forme.

CHAPITRE 1

OBLIGATIONS DU BAILLEUR

Elles sont édictées par les articles 547 à 552 du COCC et sont d'ordre public, ce qui veut dire que toute clause contraire est réputée non-écrite comme le précise l'article 582 du même code.

On les retrouve aux articles 73 à 79 de l'Acte Uniforme.

Délivrance des lieux en bon état de réparations locatives

Le bailleur est tenu de délivrer la chose en bon état. Face à cette absence de précision, il faut cependant admettre que le bon état d'un bien immobilier suppose forcément la décence de ce dernier, ce qui suppose que le logement soit au minimum raccordé à l'eau et à l'électricité et/ou au gaz.

À défaut d'état des lieux d'entrée lors de la remise des clefs, le bailleur est présumé avoir rempli cette obligation lorsque le preneur a pris le bien sans réserve. En cours de bail, le bailleur doit effectuer toutes réparations autres que d'entretien devenues urgentes, notamment celles des gros murs, des voûtes, des poutres, des toitures, des murs de soutènements, des murs de clôture, des fosses.

Le montant du loyer est diminué en proportion du temps et de la partie de la chose dont le preneur aura été privé, mais ce dernier peut également solliciter la résiliation du bail si les réparations urgentes sont de telle importance qu'elles rendent impossible la jouissance de la chose.

Si le bailleur refuse d'effectuer les réparations qui lui incombent, le preneur pourra après une sommation infructueuse se faire autoriser par le juge des référés à les exécuter dans les règles de l'art pour le compte du bailleur, le montant des réparations étant déduit du montant du loyer par compensation.

Le locataire pourra également, sur autorisation de justice consigner les loyers, dans l'attente de la réalisation des travaux à la charge du bailleur, ce qui l'empêchera de faire délivrer une assignation en référé expulsion si le locataire se fait justice à lui-même en suspendant le paiement des loyers.

Modification de la chose

Le bailleur ne peut de son seul gré apporter des changements à l'état de la chose louée, ni en restreindre l'usage.

Troubles de jouissance

Le bailleur est responsable envers le preneur du trouble de jouissance survenu de son fait ou du fait de ses ayants droit ou préposés. Il doit également garantir les troubles de droit.

Vices de la chose

Le bailleur doit garantir tous les vices ou défauts de la chose qui en empêchent un usage normal, même s'il ne les a pas connus lors de la conclusion du bail.

Droit de reprise par le bailleur – sanctions

L'article 583 du COCC permet au bailleur de reprendre son bien soit pour occupation personnelle soit pour travaux mais sous certaines conditions ; à défaut il s'expose à des sanctions pécuniaires envers le locataire évincé.

Le propriétaire qui signifie son intention de reprise pour occupation personnelle en application des dispositions des articles 574 et 576 doit installer le bénéficiaire désigné dans les lieux dans le délai de trois mois suivant le jour de l'éviction du locataire. Le bénéficiaire du droit de reprise est, en outre, tenu d'habiter effectivement les lieux libérés pendant deux années consécutives à compter de son habitation.

Faute par lui de satisfaire à l'une quelconque des obligations prévues à l'alinéa précédent, le bailleur qui a fait usage du droit de reprise pour occupation personnelle, sera redevable envers le locataire évincé ou de ses ayants droit, d'une indemnité forfaitaire égale à vingt-quatre mensualités de loyer calculées au dernier taux payé par ledit locataire sans préjudice de tous autres dommages et intérêts.

La preuve de la défaillance du bailleur à satisfaire à l'une des conditions imposées pour user du droit de remise peut être rapportée par tous moyens.

Le propriétaire qui signifie son intention de reprise pour démolir et reconstruire les lieux doit commencer les travaux dans le délai de trois mois suivant le jour de trois mois suivant le jour de l'éviction du locataire et ne peut faire occuper les lieux, à quelque titre que ce soit, sauf pour gardiennage du chantier, jusqu'à la réception de l'immeuble reconstruit.

Faute par lui de satisfaire à l'une quelconque des obligations prévues à l'alinéa précédent, le bailleur qui a fait usage de reprise pour démolition et reconstruction sera redevable envers le locataire évincé ou ses ayants droit de l'indemnité forfaitaire fixée à l'alinéa 2, sans préjudice de tous autres dommages et intérêts.

CHAPITRE 2

OBLIGATIONS DU PRENEUR

Elles sont édictées par les articles 553 à 568 du COCC lesquelles sont d'ordre public, ce qui veut dire que toute clause contraire est réputée non-écrite comme le précise l'article 581 du même code.

On les retrouve aux articles 80 à 83 de l'Acte Uniforme.

Paiement du dépôt de garantie et du loyer

Le preneur doit verser lors de la signature du bail un dépôt de garantie pour couvrir les éventuelles dépenses de remise en état en fin de bail.

Il est généralement fixé à 2 mois de loyer pour les baux courants

Le locataire doit régler le loyer au terme convenu. Le loyer est quérable sauf stipulations contraires.

À défaut de règlement, le bailleur est en droit de faire délivrer par acte d'huissier un commandement de payer les arriérés au plus tard dans le délai d'un mois, le même acte comportant assignation à comparaitre devant le juge des référés du tribunal du lieu de situation de l'immeuble, aux fins d'expulsion, à défaut de paiement dans le délai rappelé dans le commandement.

Par contre en cas de contestation du locataire, il est conseillé de porter l'action devant le juge du fond

Si le juge ordonne l'expulsion, le bailleur devra transmettre la décision rendue à un huissier territorialement compétent, pour qu'il procède à la signification mentionnant les délais de recours (Appel si la décision est contradictoire ou réputée contradictoire, ou opposition si la décision est rendue par défaut).

Jouissance des lieux

Le preneur doit user de la chose louée en bon père de famille et suivant la destination mentionnée dans le bail (un bail à usage d'habitation ne permet pas une activité commerciale dans les locaux et réciproquement).

À défaut, le bailleur peut faire constater la situation par huissier et faire résilier le bail.

Dégradations et réparations d'entretien

Sans entrer dans le détail, voici la liste par ordre alphabétique des postes dont le locataire doit assurer l'entretien, en incluant l'hypothèse où il y a un jardin à usage privatif : Antenne, Arbres, Chasses d'eau, Chauffe-eau, Électricité (remplacement des interrupteurs, prise de courant, fusibles, ampoules), Éviers – Lavabos, Façades, Grilles, Haies, Murs et façades (menus raccords de tapisseries et peintures, rebouchage des trous), Plomberie (remplacement des joints et des colliers en ce qui concerne les canalisations, entretien courant des robinets, des joints et clapets sur les robinets, des flexibles de douches siphons et ouverture d'aération et remplacement périodique des tuyaux souples de raccordement pour tout ce qui concerne le gaz), Serrures (menues réparations des boutons et poignées de porte), Sols (remplacement de carreaux cassés, de lames de parquet et remise en état, pose de raccords de moquettes et autres revêtements de sols notamment en cas de taches et de trous), Sonnerie, Volets (entretien du volet et des fixations), Stores, W-C.

Selon l'article 555 du **COCC**, le locataire répond des dégradations ou des pertes arrivant pendant sa jouissance, à moins qu'il ne prouve qu'elles aient eu lieu sans sa faute. Il est tenu des dégradations et pertes qui arrivent par le fait de ses ayants droit ou des personnes dont il répond (y compris les animaux). Il peut s'agir d'une moquette tâchée, brûlée, de trous dans les murs L'état des lieux de sortie permettra de constater l'existence de telles dégradations et si le locataire n'y a pas remédié avant la fin du contrat, le propriétaire sera en droit de retenir tout ou partie du dépôt de garantie afin de procéder aux dites réparations. Les dégradations liées à un cas de force majeure (grosses tempêtes…) ou aux grosses réparations non réalisées par le bailleur ne peuvent être imputées au locataire. Le locataire devra cependant prévenir le propriétaire, dès qu'il aura connaissance de ces dégradations.

Leur non-réalisation entraînera des frais pour le propriétaire dont il pourra légitimement retenir le montant sur votre dépôt de garantie. Certains bailleurs voudront d'ailleurs réaliser avec le locataire, un pré état des lieux afin d'inciter ce dernier à réaliser ces réparations locatives qui lui incombent.

Négligence ou vétusté ?

Avec le temps il est normal que certaines parties du logement loué face l'objet d'usure. Les moquettes et les murs sont les parties les plus exposées (la moquette s'use, les murs jaunissent sous l'action du soleil... c'est la vétusté, c'est-à-dire l'usure résultant d'un usage normal mais prolongé du logement, et qui ne peut en aucun cas être imputé au locataire [article 556 du COCC].

En cas de litige, il appartiendra au juge éventuellement saisi de déterminer si la dégradation résulte de la vétusté [usure normale du logement] ou du défaut d'entretien [usage anormal du logement].

Interdiction de cession et sous-location

Sauf disposition légale contraire, le preneur ne peut sous-louer ou céder son bail à autrui sans l'accord du propriétaire.

À défaut, le bailleur peut faire constater la situation par huissier et faire résilier le bail [Article 557 COCC].

Garnissement

Lorsque le bail porte sur une construction, le locataire qui ne la garnit pas de meubles suffisants peut être expulsé, même par ordonnance de référé, à moins qu'il ne fournisse des sûretés capables de répondre du paiement des loyers [article 558 COCC].

Incendie

Lorsque le bail porte sur une construction, le preneur répond de l'incendie à moins qu'il ne prouve :

– Que le sinistre est arrivé par force majeure ou par vice de construction ;

– Ou que le feu a été communiqué par un local voisin.

S'il y a plusieurs locataires, tous sont responsables de l'incendie proportionnellement à leur valeur locative de la partie de l'immeuble qu'ils occupent :

– À moins qu'ils ne prouvent que l'incendie a commencé dans le local de l'un deux, auquel cas celui-là seul est tenu ;

– Ou que quelques-uns ne prouvent que l'incendie n'a pu commencer chez eux, auquel cas ceux-là n'en sont pas tenus.

CHAPITRE 3

FIN DU CONTRAT

L'état des lieux de sortie

Quelle que soit la cause de la fin du bail, la rédaction de l'état des lieux de sortie est basée sur l'état des lieux d'entrée. Il est donc conseillé d'utiliser le même type de document pour l'état des lieux d'entrée et de sortie. En tout état de cause, pour récupérer la totalité du dépôt de garantie, le locataire devra : rendre le logement propre [moquette lessivée, murs nettoyés], remettre le logement dans son état d'origine effectuer les réparations locatives lui incombant réparer les dégradations résultant d'un usage anormal du logement.

Tacite reconduction

Si, à l'expiration du bail à terme fixé, le preneur reste ou est laissé en possession, il s'opère un nouveau bail aux mêmes conditions, mais à durée indéterminée. La tacite reconduction ne peut être invoquée par le preneur à qui congé a été signifié.

Résiliation

Si, à l'expiration du bail à terme fixé, le preneur reste ou est laissé en possession, il s'opère un nouveau bail aux mêmes conditions, mais à durée indéterminée.

La tacite reconduction ne peut être invoquée par le preneur à qui congé a été signifié.

Destruction de la chose

Si, pendant la durée du bail, la chose louée est détruite en totalité par cas fortuit, le bail prend fin de plein droit.

Si elle n'est détruite qu'en partie, le preneur peut, suivant les circonstances, demander que le loyer soit réduit ou qu'il soit mis fin au bail. En aucun cas il n'y a lieu à dédommagement.

Vente de la chose

Si le bailleur vend la chose louée, l'acquéreur doit respecter le bail s'il est authentique ou s'il a date certaine.

Décès des parties

Le bail ne prend pas fin par le décès de l'une ou l'autre des parties

TITRE II

LES DISPOSITIONS SPÉCIFIQUES RELATIVES AUX BAUX D'HABITATION ET AUX BAUX COMMERCIAUX

CHAPITRE 1

LES DISPOSITIONS SPÉCIFIQUES AUX BAUX D'HABITATION

Elles figurent aux articles 567 à 583 du COCC et sont d'ordre public [Article 569 du COCC].

SECTION 1 : DOMAINE D'APPLICATION

Les articles 567 à 583 du COCC sont applicables : aux locaux à usage d'habitation ; aux locaux à usage professionnel sans caractère commercial, industriel ou artisanal ; aux locaux pris en location par une personne morale de droit public pour y installer des services ou des agents ; aux locaux pris en location par des personnes morales exerçant une activité désintéressée, notamment par des associations déclarées et des syndicats professionnels ; aux locaux pris en location par des entreprises commerciales, industrielles ou artisanales à usage exclusif d'habitation pour leur personnel ; aux locaux pris en location par des entreprises, commerciales, industrielles ou artisanales pour y installer exclusivement des bureaux.

Ces dispositions ne s'appliquent pas entre les personnes morales de droit public ou les entreprises commerciales ou industrielles et les agents ou personnels logés par leurs soins.

Location mixte

Lorsque le bail porte sur des locaux auxquels sont applicables à la fois les dispositions des articles 567 à 583 du COCC, et celles relatives aux baux commerciaux, il est fait application pour chaque partie d'immeuble des règles concernant l'affectation qui lui est donnée.

Cela peut être le cas d'une location portant sur une boutique au rez-de-chaussée et un appartement au premier étage.

SECTION 2 : DISPOSITIONS COMMUNES AUX BAUX À DURÉE DÉTERMINÉE ET INDÉTERMINÉE

Loyer et charges récupérables

Que le bail soit à durée déterminée ou à durée indéterminée, le montant du loyer est fixé par rapport à l'évaluation faite de la valeur de l'immeuble fixé par décret.

Il convient de signaler que le gouvernement a promulgué la loi n° 2014-03 du 22 janvier 2014 portant baisse des loyers.

À compter de l'entrée en vigueur de la présente loi, les prix des loyers des baux à usage d'habitation, à l'exclusion de ceux dont la fixation a été obtenue suivant la méthode de la surface corrigée, sont baissés ainsi qu'il suit :

- Loyers inférieurs à 150 000 FCFA : 29 % ;
- Loyers compris entre 150 000 FCFA à 500 000 FCFA : baisse de 14 % ;
- Loyers supérieurs à 500 000 FCFA : baisse de 4 % ; **[Article 1]**

Cette loi s'applique à tous les baux d'habitation en cours **[Article 2]**.

Toute violation de cette loi expose son auteur aux sanctions prévues par la loi n° 81-21 du 25 juin 1981 réprimant la hausse illicite du loyer des locaux à usage d'habitation **[Article 3]**.

Les charges récupérables, sommes accessoires au loyer, sont exigibles, sur justification.

Sous-location

L'article 577 du COCC permet au locataire de sous-louer le logement sous réserve d'avoir l'accord express et écrit du bailleur et après lui avoir notifié le nom du sous-locataire avec indication du taux du sous-louer, sous peine de résiliation du bail principal.

Le contrat de sous-location est renouvelé à la demande du sous-locataire dans les mêmes conditions que celles du bail principal et jusqu'au terme de celui-ci.

Le preneur reste tenu de toutes les obligations découlant du contrat envers le bailleur.

Cession

Le preneur ne peut céder le contrat de location qu'avec l'accord écrit du bailleur et après lui avoir notifié le nom du cessionnaire.

Substitution

Lors du décès du locataire, le contrat est transféré s'ils le désirent au conjoint, aux ascendants ou descendants en ligne directe. Dans le cas contraire, le bail est résolu de plein droit par le décès du locataire.

En cas de mutation du droit de propriété sur l'immeuble dans lequel se situent les lieux loués, le nouveau propriétaire est substitué de plein droit dans les obligations du bailleur et poursuit l'exécution du bail, lorsqu'il y a convention écrite, quelle qu'en soit la durée ou même, en cas de bail verbal, dès lors que les lieux sont occupés par un premier détenteur de quittances de loyer régulières.

SECTION 3 : LE BAIL À DURÉE DÉTERMINÉE

Durée

Le bail portant sur les locaux à usage d'habitation ou à usage professionnel sans caractère commercial peut être conclu pour une **durée déterminée de trois années** renouvelable par tacite reconduction pour des périodes triennales ; Ce type de bail couvre les locations servant à l'habitation du locataire ou les locations saisonnières fréquentes en matière touristique.

Fin du bail à durée déterminée

Le bail cesse de plein droit à l'expiration du terme fixé lorsqu'il a été fait par écrit, sans qu'il soit nécessaire de donner congé.

Le preneur qui ne désire pas bénéficier de la tacite reconduction du bail doit en donner préavis au bailleur, par acte extrajudiciaire servi six mois avant l'expiration de la période triennale en cours. Le preneur qui ne désire pas bénéficier de la tacite reconduction du bail doit en donner préavis au bailleur, par acte extrajudiciaire servi six mois avant l'expiration de la période triennale en cours. Est assimilée au bailleur personne physique la société civile constituée exclusivement entre parents et alliés jusqu'au quatrième degré qui décide d'exercer le droit de reprise au profit de l'un des associés, de son conjoint, ses ascendants, ses descendants en ligne directe ou ceux de son conjoint.

Le préavis délivré par le bailleur personne physique ou société civile assimilée, doit à peine de nullité indiquer :

1°) L'identité complète de la personne au profit de laquelle le droit de reprise est exercé ;

2°) Son lien de parenté avec le bailleur ;

3°) Son adresse actuelle ;

4°) La reproduction intégrale des dispositions de l'article 583.

Le bailleur, qu'il soit ou non une personne physique, peut également refuser le renouvellement du bail lorsqu'il décide de reprendre les lieux pour les démolir et les reconstruire, en notifiant le préavis de refus de renouvellement, servi, à peine de nullité, six mois avant l'expiration de la période triennale en cours.

1°) La nature et la description des travaux projetés ;

2°) La référence complète du permis de construire ;

3°) Le nom, le cas échéant, de l'architecte et celui de l'entreprise suivant et exécutant les travaux ;

4°) L'engagement du bailleur de ne pas faire occuper les lieux, à quelque titre que ce soit, sauf pour gardiennage du chantier, depuis le déguerpissement du locataire jusqu'à la réception de l'immeuble reconstruit ;

5°) La reproduction intégrale de l'article 583.

Le cas des locations saisonnières

Les dispositions des articles 571 et 574 ne font pas obstacle aux locations saisonnières de locaux à usage d'habitation meublés ou pas.

Le bail est conclu par écrit.

Il est de la durée fixée par les parties ou, à défaut de trois mois ; il est renouvelable par tacite reconduction pour des périodes trimestrielles, sans que la durée totale de la location puisse dépasser un an.

Un mois au plus tard avant l'expiration de toute période trimestrielle, chaque partie peut signifier à l'autre sa volonté de mettre fin au bail.

SECTION 4 : LE BAIL À DURÉE INDÉTERMINÉE

Le bail à durée indéterminée ne peut prendre fin par un préavis de congé de 2 ou 6 mois minimum.

Congé donné par le preneur : Le preneur peut mettre fin au bail par un préavis de congé « donné à deux mois servi au bailleur par acte extrajudiciaire » (Loi n° 85-37 du 23 juillet 1985).

Congé donné par le bailleur : Seul le bailleur personne physique ou la société civile constituée exclusivement entre parents et alliés jusqu'au quatrième degré peuvent donner préavis de congé à six mois au preneur lorsqu'ils décident d'exercer leur droit de reprise en faveur de l'un des bénéficiaires énoncés à l'alinéa 2 de l'article 574. À peine de nullité le congé délivré doit contenir toutes les indications énumérées à l'alinéa 3 de l'article 574.

Le bailleur peut mettre fin au bail par un préavis de congé donné à six mois servi au preneur par acte extrajudiciaire dans les cas énumérés à l'article 574 et sous les mêmes conditions de fond et de forme.

Le bail à durée indéterminée peut également prendre fin si le juge des référés constate l'acquisition de la clause résolutoire prévue au contrat et reproduite dans un commandement, en cas de défaillance du locataire dans l'exécution de l'une quelconque de ses obligations, malgré une mise en demeure d'y pourvoir dans les trente jours faite par acte d'huissier et restée infructueuse, sauf si le locataire obtient un délai et la suspension des effets de la clause résolutoire.

Pour aller plus loin, vous pouvez consulter les textes suivants :

Décret n° 776527 du 23 juin 1977 modifié par le décret n° 81 – 609 du 17 juin 1981 relatif au montant du loyer des locaux à usage d'habitation.

Décret n° 81-683 du 7 juillet 1981 relatif au calcul du loyer des locaux à usage d'habitation et ses annexes publiées au JOS du 23 juin 1984.

Loi n° 81-21 du 25 juin 1981 réprimant la hausse illicite de loyer des locaux à usage d'habitation.

Décret n° 81 – 1034 du 25 octobre 1981 portant application de la loi 81-21.

Loi N° 2014-03 du 22 janvier 2014 portant la baisse des loyers.

L'ouvrage consacré aux baux à usage d'habitation par Maître Doudou NDOYE, collection « Tout ce qu'il faut savoir », Éditions juridiques africaines.

CHAPITRE 2

LES DISPOSITIONS SPÉCIFIQUES AUX BAUX COMMERCIAUX ET À USAGE PROFESSIONNEL

Les baux commerciaux étaient régis par les articles 584 à 615 du COCC, lesquels ont été abrogés avec la ratification et l'entrée en vigueur de l'Acte Uniforme de l'OHADA au Sénégal en 1995, lequel aborde les baux commerciaux dans la partie Droit commercial général (Articles 69 à 102).

Champ d'application (Articles 69 et 70)

Les dispositions précitées sont applicables dans les villes de plus de cinq mille habitants, à tous les baux portant sur des immeubles rentrant dans les catégories suivantes :

1°) Locaux ou immeubles à usage commercial, industriel, artisanal ou professionnel ;

2°) Locaux accessoires dépendant d'un local ou d'un immeuble à usage commercial, industriel, artisanal ou professionnel à la condition, si ces locaux accessoires appartiennent à des propriétaires différents, que cette location ait été faite en vue de l'utilisation jointe que leur destinait le preneur, et que cette destination ait été connue du bailleur au moment de la conclusion du bail ;

3°) Terrains nus sur lesquels ont été édifiées, avant, ou après la conclusion du bail, des constructions à usage industriel, commercial, artisanal ou professionnel, si ces constructions ont été élevées ou exploitées avec le consentement du propriétaire ou à sa connaissance.

Les dispositions précitées sont également applicables aux personnes morales de droit public à caractère industriel ou commercial, et aux sociétés à capitaux publics, qu'elles agissent en qualité de bailleur ou de preneur.

SECTION 1 : CONCLUSION ET DURÉE DU BAIL

Est réputée bail commercial toute convention, même non écrite, existant entre le propriétaire d'un immeuble ou d'une partie d'un immeuble compris dans le champ d'application de l'article 69, et toute personne physique ou morale, permettant à cette dernière, d'exploiter dans les lieux avec l'accord du propriétaire, toute activité commerciale, industrielle, artisanale ou professionnelle.

Les parties fixent librement la durée des baux.

Le bail commercial peut être conclu pour une durée déterminée ou indéterminée.

À défaut d'écrit ou de terme fixé, le bail est réputé conclu pour une durée indéterminée.

SECTION 2 : OBLIGATIONS DU BAILLEUR ET DU LOCATAIRE

Voir ci-dessus les dispositions communes aux baux d'habitation et aux baux commerciaux.

SECTION 3 : LOYER

Les parties fixent librement le montant du loyer, sous réserve des dispositions législatives ou réglementaires applicables.

Le loyer est révisable dans les conditions fixées par les parties, ou à défaut, à l'expiration de chaque période triennale.

À défaut d'accord écrit entre les parties sur le nouveau montant du loyer, la juridiction compétente est saisie par la partie la plus diligente. Pour fixer le montant du nouveau loyer, la juridiction compétente tient notamment compte des éléments suivants :

– la situation des locaux

– leur superficie

– l'état de vétusté

– le prix des loyers commerciaux couramment pratiqués dans le voisinage pour des locaux similaires.

SECTION 4 : CESSION – SOUS-LOCATION

I. CESSION

Toute cession du bail doit être signifiée au bailleur par acte extrajudiciaire (acte d'huissier), ou par tout autre moyen écrit, mentionnant :

– l'identité complète du cessionnaire ;

– son adresse ;

– éventuellement, son numéro d'immatriculation au Registre du Commerce et du Crédit Mobilier.

À défaut de signification, dans les conditions ci-dessus indiquées, la cession est inopposable au bailleur.

Le bailleur dispose d'un délai d'un mois à compter de cette signification, pour s'opposer le cas échéant à celle-ci, et saisir dans ce délai la juridiction compétente, en exposant les motifs sérieux et légitimes qui pourraient s'opposer à cette cession. La violation par le preneur des obligations du bail, et notamment le non-paiement du loyer constitue un motif sérieux et légitime de s'opposer à la cession.

Pendant toute la durée de la procédure, le cédant demeure tenu aux obligations du bail.

II. Sous-location

Sauf stipulation contraire du bail, toute sous-location totale ou partielle est interdite.

En cas de sous-location autorisée, l'acte doit être porté à la connaissance du bailleur par tout moyen écrit.

À défaut, la sous-location lui est inopposable.

Lorsque le loyer de la sous-location totale ou partielle est supérieur au prix du bail principal, le bailleur a la faculté d'exiger une augmentation correspondante du prix du bail principal, augmentation qui à défaut d'accord entre les parties, est fixée par la juridiction compétente, en tenant compte des éléments visés à l'article 85.

Section 5 : Conditions et formes du renouvellement

II. La demande : Formalisme et délais à respecter.

Le droit au renouvellement du bail à durée déterminée ou indéterminée est acquis au preneur qui justifie avoir exploité conformément aux stipulations du bail, l'activité prévue à celui-ci, pendant une durée minimale de deux ans.

Dans le cas du bail à durée déterminée, le preneur qui a droit au renouvellement de son bail, en vertu de l'article 91 ci-dessus, peut demander le renouvellement de celui-ci, par acte extrajudiciaire, au plus tard trois mois avant la date d'expiration du bail. Le preneur qui n'a pas formé sa demande de renouvellement dans ce délai est déchu du droit au renouvellement du bail. Le bailleur qui n'a pas fait connaître sa réponse à la demande de renouvellement au plus tard un mois avant l'expiration du bail est réputé avoir accepté le principe du renouvellement de ce bail.

Dans le cas d'un bail à durée indéterminée, toute partie qui entend le résilier doit donner congé par acte extrajudiciaire au moins six mois à l'avance.

Le preneur, bénéficiaire du droit au renouvellement en vertu de l'article 91 ci-dessus, peut s'opposer à ce congé, **au plus tard à la date d'effet de celui-ci**, en notifiant au bailleur par acte extrajudiciaire sa contestation de congé.

Faute de contestation dans ce délai, le bail à durée indéterminée cesse à la date fixée par le congé.

II. EN CAS DE REFUS DE RENOUVELLEMENT PAR LE BAILLEUR, UNE INDEMNITÉ D'ÉVICTION DOIT ÊTRE VERSÉE AU LOCATAIRE SAUF DANS CERTAINS CAS LIMITATIVEMENT ÉNUMÉRÉS

Le principe : Le bailleur peut s'opposer au droit au renouvellement du bail à durée déterminée ou indéterminée, en réglant au locataire une indemnité d'éviction.

À défaut d'accord sur le montant de cette indemnité, celle-ci est fixée par la juridiction compétente en tenant compte notamment du montant du chiffre d'affaires, des investissements réalisés par le preneur, de la situation géographique du local et des frais de déménagement et de réinstallation.

L'indemnité est généralement calculée avant dire-droit par un expert.

L'exception : Le bailleur peut s'opposer au droit au renouvellement du bail à durée déterminée, ou indéterminée, sans avoir à régler d'indemnité d'éviction.

A/ LES CAS PRÉVUS PAR LA LOI

1°) S'il justifie d'un motif grave et légitime à l'encontre du preneur sortant.
Ce motif doit consister, soit dans l'inexécution par le locataire d'une obligation substantielle du bail, soit encore dans la cessation de l'exploitation du fonds de commerce.

Ce motif ne pourra être invoqué que si les faits se sont poursuivis ou renouvelés plus de deux mois après mise en demeure du bailleur, par acte extrajudiciaire, d'avoir à les faire cesser.

2°) S'il envisage de démolir l'immeuble comprenant les lieux loués, et de le reconstruire.

Le bailleur devra dans ce cas justifier de la nature et de la description des travaux projetés.

Le preneur aura le droit de rester dans les lieux jusqu'au commencement des travaux de démolition, et il bénéficiera d'un droit de priorité pour se voir attribuer un nouveau bail dans l'immeuble reconstruit.
Si les locaux reconstruits ont une destination différente de celle des locaux, objet du bail, ou s'il n'est pas offert au preneur un bail dans les nouveaux locaux, le bailleur devra verser au preneur l'indemnité d'éviction prévue à l'article 94.

3°) Le bailleur peut en outre, sans versement d'indemnité d'éviction, refuser le renouvellement du bail portant sur les locaux d'habitation accessoires des locaux principaux, pour les habiter lui-même ou les faire habiter par son conjoint ou ses ascendants, ses descendants ou ceux de son conjoint.

Cette reprise ne peut être exercée lorsque le preneur établit que la privation de jouissance des locaux d'habitation accessoires apporte un trouble grave à la jouissance du bail dans les locaux principaux, ou lorsque les locaux principaux et les locaux d'habitation forment un tout indivisible.

B/Le droit pour le preneur du droit à remboursement des constructions et aménagement réalisés dans les locaux avec l'autorisation du bailleur

Le preneur sans droit au renouvellement, quel qu'en soit le motif, pourra néanmoins être remboursé des constructions et aménagements qu'il a réalisés dans les locaux avec l'autorisation du bailleur.

À défaut d'accord entre les parties, le preneur pourra saisir la juridiction compétente dès l'expiration du bail à durée déterminée non renouvelé, ou encore dès la notification du congé du bail à durée indéterminée.

Là encore, le Tribunal procède généralement à la désignation d'un expert avant dire-droit.

I. DU RENOUVELLEMENT DE BAIL

En cas de renouvellement accepté expressément ou implicitement par les parties, et sauf accord différent de celles-ci, la durée du nouveau bail est fixée à trois ans.

Le nouveau bail prend effet à compter de l'expiration du bail précédent, si celui-ci est à durée déterminée, ou à compter de la date pour laquelle le congé a été donné, si le bail précédant est à durée indéterminée.

Le sous-locataire peut demander le renouvellement de son bail au locataire principal dans la mesure des droits que celui-ci tient du propriétaire. Ce droit est soumis aux dispositions des articles 91 à 94, et 95-1 du présent Acte Uniforme.

L'acte de renouvellement de la sous-location doit être porté à la connaissance du bailleur dans les mêmes conditions que la sous-location initialement autorisée.

II. COMPÉTENCE TERRITORIALE

Les contestations sont portées à la requête de la partie la plus diligente, devant la juridiction compétente dans le ressort de laquelle sont situés les locaux donnés à bail.

SECTION 6 : RÉSILIATION JUDICIAIRE DU BAIL

Le preneur est tenu de payer le loyer et de respecter les clauses et conditions du bail.

À défaut de paiement du loyer ou en cas d'inexécution d'une clause du bail telle que la modification des caractéristiques du local sans autorisation, le bailleur pourra demander à la juridiction compétente la résiliation du bail et l'expulsion du preneur, et de tous occupants de son chef, après avoir fait délivrer, par acte extrajudiciaire, une mise en demeure d'avoir à respecter les clauses et conditions du bail. Cette mise en demeure doit reproduire, sous peine de nullité, les termes de l'article 101, et informer le preneur qu'à défaut de paiement ou de respect des clauses et conditions du bail dans un délai d'un mois, la résiliation sera poursuivie.

Le bailleur qui entend poursuivre la résiliation du bail dans lequel est exploité un fonds de commerce **doit notifier sa demande aux créanciers inscrits**.

Le jugement prononçant la résiliation ne peut intervenir qu'après l'expiration d'un délai d'un mois suivant la notification de la demande aux créanciers inscrits.

SECTION 7 : DISPOSITIONS D'ORDRE PUBLIC

Sont d'ordre public les dispositions des articles 69, 70, 71, 75, 78, 79, 85, 91, 92, 93, 94, 95, 98 et 101 de l'Acte Uniforme.

LIVRE 5

MESURES PRISES ET ORGANISMES MIS EN PLACE POUR FACILITER LES INVESTISSEMENTS

TITRE 1

LES PRINCIPAUX ORGANISMES MIS EN PLACE

SECTION 1 : L'AGENCE NATIONALE CHARGÉE DE LA PROMOTION DES INVESTISSEMENTS ET DES GRANDS TRAVAUX (APIX)

Créée par Décret n° 2000-562 du 10 Juillet 2000, l'Agence nationale chargée de la Promotion de l'Investissement et des Grands Tavaux (APIX) est directement rattachée à la Présidence de la République. Dans l'exécution de sa mission, l'Agence est placée sous la supervision directe d'un Comité Stratégique pour la Promotion de l'Investissement, dont les membres sont nommés par arrêté du Président de la République. La composition du Comité Stratégique est la suivante :

- Un Président
- Trois représentants du Secteur Privé
- Trois représentants de l'État

Le Directeur Général de l'APIX, l'Agence nationale chargée de la Promotion des Investissements et des Grands Travaux (APIX) est l'aboutissement d'un processus de rationalisation du dispositif institutionnel d'appui aux Investisseurs.

- Restructuration du dispositif d'Appui au Secteur Privé
- Simplification des Procédures administratives
- Élaboration d'une loi d'orientation sur l'investissement
- Mise en œuvre de stratégies de développement des Grappes Prioritaires (Tourisme, Industries Culturelles, BTP et Industries d'Assemblage),
- Mise en place d'un Centre de Formalités des Entreprises, etc.

C'est dans ce contexte que l'APIX a été créée en Juillet 2000, traduisant ainsi la forte volonté politique des nouvelles autorités, de développer une stratégie d'attraction des investissements privés et de lancer de grands chantiers d'infrastructures d'appui à la production.

Missions et Services offerts

- La recherche et l'identification des investisseurs ;

• La promotion du Sénégal comme destination privilégiée pour l'Investissement Direct Étranger ;

• L'accueil et l'accompagnement des investisseurs au Sénégal ;

• La mise à disposition permanente d'informations économiques ; commerciales et technologiques sur les principaux secteurs d'activités ;

• L'assistance à l'investisseur pour les formalités de création d'entreprise et d'obtention des diverses autorisations administratives (accès à la terre, permis de construire, licences, etc.) ;

• L'appui dans la recherche de financement et/ou de partenariat ;

• Le suivi des contacts avec les investisseurs ;

• Le suivi et l'évaluation des projets d'investissements au Sénégal

• La réalisation des grands projets d'infrastructures du Président de la république sur le modèle BOT, BOOT, etc.

• Une Organisation adaptée et efficace

Une équipe multilingue particulièrement dédiée vous accompagne dans toutes les phases indispensables à la mise en œuvre de votre projet d'investissement :

• L'instruction des demandes d'agrément au Code des Investissements et à l'Entreprise Franche d'exportation

• L'assistance aux investisseurs dans la résolution de problèmes tels que :

– L'accès à la terre

– L'obtention des différents permis et autorisations (permis de construire, licences, etc.),

– Appui dans la recherche de financements,

– Facilitation et conciliation dans les contentieux avec l'administration fiscale),

La conduite des études pour l'amélioration de l'environnement des Affaires.

• La gestion du Centre de formalités des Entreprises.

Un Guichet Unique moderne

Pour assurer une meilleure prise en charge des projets d'investissements, un service Guichet Unique, moderne dans son fonctionnement a été ouvert au sein de l'APIX, pour assurer :

- L'exécution de toutes les formalités administratives de création ou de modification des entreprises, en un même lieu, sur une fiche unique de demande d'immatriculations ;
- L'agrément au Code des Investissements et au statut de l'Entreprise Franche d'Exportation ;
- Le suivi des projets d'investissements agréés aux cadres d'incitations susvisés, etc.

Un programme d'Action est d'ailleurs en cours pour la mise en place d'une démarche qualité au niveau du Guichet Unique de l'APIX et pour une certification ISO 9002.

Un environnement des affaires en amélioration constante :

Afin d'améliorer l'environnement des affaires, et en collaboration avec des administrations publiques, l'APIX a pris en charge plusieurs dossiers :

- La restructuration du dispositif d'Appui au Secteur Privé
- La simplification des Procédures administratives
- L'élaboration d'une loi d'orientation sur l'investissement

Parmi les projets en cours ou en voie d'achèvement au moment de la rédaction du présent ouvrage, il faut citer notamment :

- Le Nouvel Aéroport International Blaise Diagne à 15 minutes en voiture de la station de Saly
- L'Autoroute à péage.

Pour mener à bien l'exécution de ces importants projets dont le mode de financement est basé sur le principe de concessions au secteur privé (BT, BOT, BOOT), la Direction des Grands Travaux travaille en étroite collaboration avec les Ministères techniques et autres services compétents de l'État.

Pour aller plus loin, voir le site Internet de l'APIX.

SECTION 2 : LA SOCIÉTÉ SAPCO SÉNÉGAL

Afin de promouvoir le tourisme et d'encourager les investissements au Sénégal, l'État a créé la Société d'Aménagement de la Petite Côte (SAPCO) par décret n.76.840 du 24 juillet 1976 rendant exécutoire le schéma directeur d'Aménagement de la Petite Côte qui se trouve à 80 kms au sud de Dakar.

Une Convention Générale entre l'État et la Société d'Aménagement de la Petite Cote a été signée le 29 Août 1977 définissant le cadre d'intervention de la SAPCO ainsi que ses obligations, parmi lesquelles la fixation des limites des Zones Prioritaires énumérées à l'article 5 du décret du 24 juillet 1976, dans un délai de dix ans (Zones Prioritaires : Toubab Dialaw, Somone, Ngaparou, Saly, Les îles du Saloum et Nianing).

Pour lui permettre de remplir sa mission, l'État a consenti un bail emphytéotique à la SAPCO sur le Titre Foncier 3405 TH devenu 638/MB d'une surface de plus de 577 hectares correspondant au périmètre de la station de SALY, d'une durée de 50 ans à compter du 17 juillet 1978.

De son côté, la SAPCO sous-louait des parcelles de terrains, à détacher du TF 638/MB, aux opérateurs de la station de SALY (les Hôtels et les Copropriétaires dans les Résidences notamment, mais également les Commerces, etc.), pour la durée restant à courir du bail principal.

Par décret n° 2004-185 du 27 août 2004, les compétences et missions de la SAPCO ont été étendues à l'ensemble du territoire national. La Société d'aménagement de la Petite Côte (SAPCO) est devenue la Société d'aménagement et de promotion des côtes et zones touristiques du Sénégal (SAPCO SENEGAL).

Par arrêté n° 007850 signé le 2 octobre 2012 par le Ministre de l'Économie et des Finances, l'État du Sénégal a résilié le bail consenti le 17 juillet 1978 à la SAPCO portant sur le TF 638 MB.

La conséquence de cette résiliation est très importante puisque l'État du Sénégal a permis aux locataires à usage d'habitation et à usage commercial de la SAPCO, légalement titrés et à jour de leur loyer, d'obtenir un titre foncier auprès des Services de Domaine de Mbour, permettant de devenir propriétaire du terrain pour un prix fixé à 5 000 FCFA/m2 jusqu'au 31 décembre 2014, puis à 7 000 F/m2 depuis le 1er janvier 2015. Il est ainsi possible d'acheter un terrain de l'État, d'avoir un titre foncier et d'en être propriétaires sous réserve de respecter les conditions précitées.

Pour les personnes physiques ou morales qui ne souhaitent pas acheter, l'État du Sénégal a prévu la possibilité de mettre en place une location portant sur la parcelle de terrain qui était sous-louée par la SAPCO.

Enfin, l'État du Sénégal a signé avec la SAPCO SÉNÉGAL le 21 novembre 2013 une nouvelle Convention Générale définissant le cadre d'intervention de la SAPCO ainsi que ses obligations qui se substitue à la Convention Générale du 29 août 1977.

La Convention de 2013 élargit également les compétences de la SAPCO SÉNÉGAL puisqu'elle prévoit la possibilité de cessions de terrains par l'État à la SAPCO-Sénégal, au fur et à mesure de l'exécution de ses programmes d'aménagement, alors que jusque-là, la SAPCO-Sénégal ne disposait que d'un droit au bail. De plus, la SAPCO-Sénégal n'intervenait que sur la Petite Côte. Son champ d'intervention s'étend désormais à tout le littoral du nord au sud et en plus dans toutes les zones d'intérêt touristique du pays. La nouvelle convention permettra à SAPCO-Sénégal aussi de s'atteler à l'extension des zones prioritaires » suivantes : la Petite Côte (Saly, Mbodiène, Pointe Sarène, Joal), le Delta du Saloum (Fatick, Kaolack, Missirah (communauté rurale de Toubacouta), Simal (communauté rurale de Fimela) et Foundiougne ville et ses environs (Ndolette et Sandicoly).

Sont citées aussi la Grande Côte (Île de Saint-Louis, Langue de Barbarie, Potou-sur-Mer, parc de Djoudj, zone de Louga), la zone de Tambacounda et de Kédougou, et la région de Ziguinchor (Cap Skiring, Karabane, Kafountine et Abéné).

Pour aller plus loin, voir le site Internet de la SAPCO Sénégal.

TITRE 2

LES MESURES FISCALES

SECTION 1 : EN FAVEUR DES ENTREPRISES

En 2013, une profonde réforme de la fiscalité est entrée en vigueur. Les mesures de faveur pour les entreprises qui réalisent des investissements et/ou procèdent à des exportations ainsi que les autres régimes dérogatoires ont été supprimés du code des investissements et regroupés au sein du nouveau Code Général des Impôts (CGI). À cette occasion, le taux de l'impôt sur les sociétés a été augmenté de 25 % à 30 %. Cependant, les conditions de déductibilité de certaines charges ainsi que le régime des mères et filiales ont été simplifiés. Les sociétés qui réalisent 80 % de leur chiffre d'affaire à l'export ne sont imposables que sur 50 % de leur bénéfice imposable et bénéficient d'une exonération permanente de la contribution normalement due par les employeurs au taux de 3 % sur la masse salariale.

Les sociétés qui réalisent des investissements d'un montant supérieur ou égal à 100 000 000 FCFA (152 449 EUR) dans les secteurs éligibles peuvent bénéficier d'un crédit d'impôt égal à 40 % des investissements réalisés, plafonné à 50 % du bénéfice imposable de l'entreprise nouvelle (70 % si l'entreprise s'installe hors de la région de Dakar). Ce crédit d'impôt peut être étalé sur 5 exercices ou, lorsque l'investissement réalisé excède 250 000 000 FCFA (381 123 EUR) sur 10 exercices.

La création au Sénégal d'une holding destinée à investir dans la sous-région est facilitée par l'assouplissement du régime des sociétés mères et filiales (applicable désormais dès la détention de 10 % du capital de la filiale au lieu de 20 % auparavant) et par la création à compter de 2013 d'un régime de holding applicable aux sociétés sénégalaises détenant au moins 10 % des titres de leurs filiales et ayant pour activité la gestion de leur participation et/ou la fourniture de prestation aux sociétés de leur groupe (centralisation de trésorerie, fonctions de direction, recherche et développement). Par ailleurs, les mesures de lutte contre l'évasion fiscale ont été renforcées. Ainsi, le

CGI pose le principe de la réintégration aux résultats des bénéfices indirectement transférés à des entreprises situées hors du Sénégal, par des entreprises qui sont sous leur dépendance ou qui en possèdent le contrôle, par majoration ou diminution des prix d'achat ou de vente de biens ou services, soit par tout autre moyen. Une documentation détaillée en matière de prix de transfert doit désormais être tenue à la disposition de l'administration par ces entreprises dès le début d'une vérification de comptabilité lorsque leur chiffre d'affaires annuel hors taxes excède 5 milliards FCFA (7 622 450 EUR). De plus, les intérêts, redevances ou rémunérations de prestations de services versés par des personnes résidant au Sénégal à des entreprises établies dans un paradis fiscal (c'est-à-dire un pays ou territoire dont le taux d'imposition est inférieur à 15 %) ou dans un État non coopératif (dont la liste est établie par le Ministre chargé des Finances) ne sont plus admis en déduction du bénéfice imposable de l'entreprise sénégalaise que lorsque cette dernière apporte la preuve de la réalité des opérations fournies et du caractère normal et non exagéré des sommes versées.

Source : CMS Bureau Francis Lefebvre, Maître LECAT, le MOCI, n° hors-série, décembre 2013

SECTION 2 : MESURES FISCALES CONCERNANT L'ACQUISITION D'UN BIEN AU SÉNÉGAL

Acte de vente et coût d'acquisition

Les honoraires des notaires sont fixés par décret. S'agissant de la vente de gré à gré d'un immeuble, un droit dégressif est dû assis sur la valeur du bien cédé tel qu'il figure dans l'acte de cession.

Valeur du bien immobilier (FCFA) Taux	
Entre 1 et 20 000 000	4.5 %
Entre 20 000 001 et 80 000 000	3 %
Entre 80 000 001 et 300 000 000	1.5 %
Au-delà de 300 000 001	0.75 %

L'acquisition d'un bien immobilier donne lieu au paiement d'un droit d'enregistrement, qui a été considérablement baissé, passant de 10 % à 5 % ainsi qu'un droit de publicité foncière de 0.8 %. Ces droits sont liquidés sur le prix exprimé dans l'acte de cession. L'acte constatant la cession doit être présenté à la formalité de l'enregistrement dans le délai d'un mois à compter de sa date.

Ces frais sont soumis à la TVA, au taux de 18 %. Sauf convention contraire, les frais d'actes ainsi que les droits et taxes exigibles lors de l'acquisition d'un immeuble : droit d'enregistrement et droit de conservation foncière.

Impôts exigibles sur la propriété foncière au Sénégal

La contribution foncière des propriétés bâties ou non bâties est due par le propriétaire du bien au 1er janvier de l'année d'imposition. (Formulaire CDRM 90-65)

Elle est liquidée sur la valeur locative du bien, telle que déterminée suivant la méthode cadastrale ou à défaut par comparaison avec des locaux dont le loyer aura été régulièrement constaté ou sera notoirement connu.

Le taux de la contribution foncière des propriétés bâties est fixé à 5 % pour les immeubles.

SECTION 3 : IMPOSITION DES PENSIONS DE RETRAITE DE SOURCE FRANÇAISE PERÇUES PAR UN RÉSIDENT SÉNÉGALAIS

Détermination du domicile fiscal

A l'instar d'autres pays comme le Maroc ou le Portugal, le Sénégal a mis en place des mesures fiscales en faveur des personnes qui souhaitent s'installer dans ce pays en devenant résident, donc qui y vivent au minimum 6 mois sur 12, entre autres facteurs de rattachement.

Sont considérées comme ayant leur domicile fiscal au Sénégal :

- Les personnes qui ont au Sénégal leur foyer d'habitation permanent ou leur lieu de séjour principal ;
- Celles qui exercent au Sénégal une activité professionnelle, salariée ou non, à moins qu'elles ne justifient que cette activité y est exercée à titre accessoire ;
- Celles qui ont au Sénégal le centre de leurs intérêts économiques.

De même, en droit fiscal français, sont considérées comme fiscalement domiciliés en France, indépendamment de leur domicile fiscal et de leur nationalité (article 4B du CGI [français]) :

- Les personnes qui ont sur le territoire français leur foyer ou le lieu de leur séjour principal ;
- Celles qui exercent en France une activité professionnelle non accessoire ;

- Celles qui ont en France le centre de leurs intérêts économiques.

Nous rappelons que les critères susmentionnés, en droit fiscal français et sénégalais, sont alternatifs et que par conséquent, il est suffisant que l'un des critères soit rempli pour que la personne physique concernée puisse être considérée comme fiscalement domiciliée, respectivement, en France ou au Sénégal.

Si le contribuable a établi sa qualité de résident fiscal des deux États, pour déterminer de quel État il est le résident, il convient de procéder à l'analyse de la situation du contribuable au regard des critères successifs énoncés à l'article 2 paragraphe 1 de la Convention fiscale franco-sénégalaise du 29 mars 1974.

Selon ce texte, le contribuable qui a établi sa qualité de résident fiscal dans les deux États, est réputé être résident de l'État dans lequel se trouve le centre de ses intérêts vitaux, c'est-à-dire le lieu avec lequel ses relations personnelles et professionnelles sont les plus étroites. Si l'État de résidence ne peut être déterminé au regard de ce critère, le contribuable est réputé être résident de l'État dans lequel il a séjournée le plus longtemps.

Par ailleurs, toujours selon la Convention, le contribuable doit apporter la preuve qu'il est effectivement soumis à l'impôt étranger sur ses revenus mondiaux et qu'il est fiscalement domicilié dans cet État. Pour l'administration fiscale française, l'une des preuves admises est une attestation de l'administration fiscale de l'autre État attestant de son statut de résident.

Il convient de noter qu'en cas de transfert de son domicile au Sénégal en cours d'année, les contribuables ne sont soumis à l'impôt sur le revenu sénégalais au titre de l'année suivant celle de leur installation que pour les revenus dont ils ont disposé à compter du jour de leur arrivée au Sénégal.

La déclaration de revenu doit être déposée le 1er mai de chaque année.

En vertu de l'article 48 du CGI (sénégalais), les personnes physiques qui ont au Sénégal leur domicile fiscal sont passibles de l'impôt sur le revenu sénégalais sur leurs revenus mondiaux, de source sénégalaise et étrangère.

Régime d'imposition des pensions

En vertu de l'article 21 de la Convention, les pensions et rentes viagères sont imposables exclusivement dans l'État où le bénéficiaire desdites pensions dispose de son domicile fiscal.

Si le contribuable est réputé disposer de son domicile fiscal au Sénégal, les pensions perçues de France sont comprises dans son revenu imposable au Sénégal et non en France. Elles sont soumises à l'impôt sur le revenu sénégalais au barème progressif suivant (Article 173 du CGI sénégalais) :

Tranche de revenu imposable (FCFA)	Taux
De 0 à 630 000	0 %
De 630 001 à 1 500 000	20 %
De 1 500 001 à 4 000 000	30 %
De 4 000 001 à 8 000 000	35 %
De 8 000 001 à 13 500 000	37 %
Au-delà de 13 500 000	40 %

Les contribuables bénéficient d'une réduction d'impôt pour charge de famille dont le montant est déterminé en fonction du nombre de parts dont ils disposent. Le taux de la réduction d'impôt est appliqué sur le montant de l'impôt liquidé en application du barème progressif :

Nombre de parts	taux	Minimum (FCFA)	Maximum (FCFA)
1	0 %	0	0
1.5	10 %	100 000	300 000
2	15 %	200 000	650 000
2.5	20 %	300 000	1 110 000
3	25 %	400 000	1 650 000
3.5	30 %	500 000	2 030 000
4	35 %	600 000	2 490 000
4.5	40 %	700 000	2 755 000
5	45 %	800 000	3 180 000

Toutefois, en vertu de l'article 180 du CGI sénégalais, les contribuables dont les seules ressources sont leurs pensions de source étrangère bénéficient d'une réduction d'impôt égale à 60 %

du montant de l'impôt dû. Pour bénéficier de cette réduction d'impôt, les bénéficiaires de pensions de source étrangère doivent verser lesdits revenus dans un compte en FCFA ouvert au Sénégal en tant que résident. *** Par ailleurs, ils doivent joindre à leur déclaration annuelle de revenus les documents suivants :

- Une attestation de versement des pensions établie par le débirentier ou tout autre document en tenant lieu ;
- Une attestation indiquant le montant en devises reçu pour le compte du contribuable et la contre-valeur en FCFA au jour du transfert délivrée par la banque ou par tout autre organisme intervenant dans le paiement des pensions.

Si le contribuable dispose également de revenus d'autres sources, la réduction d'impôt susmentionnée ne s'applique qu'à l'impôt exigible sur les pensions. Les autres revenus sont soumis à l'impôt dans les conditions de droit commun.

*** La réduction d'impôt est passée à 80 % en 2015

Source : CMS Bureau Francis Lefebvre, Maître LECAT.

CONCLUSION

La croissance économique de l'Afrique a dépassé en 2012 la moyenne mondiale.

Le continent africain ne manque pas de richesse et ses produits de base se vendent bien. Les ressources naturelles sont multiples et variées : le soleil, source de développement du tourisme, les matières premières comme le pétrole le gaz naturel, l'uranium mais aussi les terres arables et tous les produits qui en découlent, les ressources forestières et halieutiques, etc.

Autre atout non négligeable : son capital humain. L'Afrique représentera en 2050, 20 % de la population mondiale contre seulement 9 % en 1950.

Elle compte aujourd'hui 200 millions de jeunes entre 15 et 24 ans et dispose d'une population en âge d'être active (15-59 ans) qui devient plus nombreuse que la population dépendante (< 14 et supérieure à 60 ans). La population est donc un potentiel considérable en termes de croissance. Le cabinet conseil McKinsey et Cie ne s'y trompe pas en parlant du continent africain comme *« la nouvelle frontière de la croissance mondiale »*.

Suite à sa prise de fonctions fin mai 2013, la nouvelle directrice générale de l'Agence française de développement (AFD), a demandé au Coordinateur de la mission gouvernementale française sur l'agenda du développement post – 2015, de mener à bien le grand chantier de l'innovation à l'AFD, voulu également par Monsieur Pascal Canif, Ministre délégué chargé du développement. Ce dernier en partenariat avec l'AFD a lancé *« Forum Afrique : 100 innovations pour un développement durable »* à l'occasion du sommet de l'Élysée en décembre 2013.

Objectifs ? Soutenir et aider la diffusion d'innovations pour le développement durable, portés par des innovateurs africains, dans des domaines tels que la santé, l'environnement, l'agriculture, la sécurité alimentaire, l'éducation, l'égalité femmes hommes, les nouvelles technologies ou encore l'appui aux entreprises : une première, souligne le Conseil Français des Investisseurs en Afrique (CIAN), dans son magazine le « *Moniteur du Commerce International* » (MOCI) de décembre 2013.

Lors d'une visite en Afrique, le Président Obama n'a pas manqué lui aussi de rendre hommage au progrès du continent africain : « *les gouvernements les plus ouverts attirent mieux les investissements pour créer des emplois et sortir les gens de la pauvreté* », faisant ainsi référence à la Côte d'Ivoire, au Niger et au Sénégal, rendant un hommage appuyé à ce dernier *« l'une des démocraties les plus stables en Afrique et l'un de nos plus forts partenaires dans la région* » va-t il déclaré.

En effet, dans le prolongement de son prédécesseur Abdoulaye WADE, le Président Mack SALL a mis en place un programme de réformes avec en premier lieu **le Plan Sénégal Emergent (PSE)**. Adoptée en novembre 2012 par le Gouvernement et l'ensemble de ses partenaires au développement, cette stratégie vise l'émergence économique à l'horizon 2035. Le Plan d'Actions Prioritaires, articulé sur la période 2014-2018, constitue le document de référence des interventions de l'État, des partenaires techniques et financiers, du partenariat public-privé et de la participation citoyenne, à moyen terme.

L'ambition de l'État du Sénégal est de favoriser une croissance économique à fort impact sur le développement humain. Pour ce faire, il s'agira de consolider les acquis, notamment en matière de gouvernance démocratique, et de recentrer les priorités dans la perspective de garantir durablement la stabilité économique, politique et sociale. La réalisation de cette ambition repose sur la mise en œuvre d'un important programme d'investissements dans les secteurs porteurs, à même d'impulser une dynamique de croissance forte et soutenue dont la construction d'une ville nouvelle à Diamnadio, à proximité du nouvel aéroport et du Centre de Conférences Internationales qui a accueilli le Sommet de la Francophonie fin 2014.

Le montant total du financement du PSE 2014 à 2018 s'élève à 9 685,6 milliards FCFA, dont 2 964 milliards en ressources additionnelles (1 853 milliards de FCFA auprès des PTF et de 1 111 milliards de FCFA du secteur privé).

Le suivi et l'évaluation du PSE reposent sur un dispositif institutionnel et un cadre opérationnel. Le dispositif institutionnel de suivi comprend au niveau stratégique le Conseil présidentiel d'orientation, le Comité national de pilotage et la Commission parlementaire de suivi.

Quant au niveau opérationnel, y figurent les comités ministériels et les comités régionaux de suivi et d'évaluation.

Le Sénégal a également mis en place des réformes pour l'amélioration de l'environnement des affaires et de la compétitivité (PREAC) sur la période 2013-2015 avec pour objectif d'inscrire le Sénégal sur la voie de l'émergence avec le secteur privé comme moteur de la croissance. Parmi les dernières mesures prises, il faut souligner la suppression de l'autorisation de transactions, l'enregistrement en 24 heures des demandes de création d'entreprise, l'automatisation du commerce transfrontalier, plus de facilité dans le transfert de la propriété par la suppression en 2013 de l'autorisation de transaction et la création d'un centre pour les PME entre autres.

Cette volonté d'améliorer la situation et ces réformes encourageantes ne doivent pas, pour autant occulter des réalités auxquelles l'État du Sénégal doit faire face avec en premier lieu le ralentissement des investissements extérieurs en raison de problèmes persistants tels que le coût de l'énergie, l'accès difficile au financement, la complexité de la fiscalité, ou encore les problèmes posés par la complexité du régime foncier.

Cela ne constitue pas pour autant un frein à la croissance du Sénégal dont le PIB/habitant en 2012 est de 1032 USD et le taux de croissance de 3,5 %. Le Sénégal a été classé au 10° rang sur l'ensemble des pays africains en 2014.

En effet, la réduction de l'attractivité des investissements dans une majorité de pays européens qui entrent dans une longue récession (à l'exception de certains pays qui ont mis en place une fiscalité attractive pour attirer principalement les retraités) se traduit par des investissements étrangers de plus en plus nombreux dans des pays africains et par une recherche de nouveaux marchés, comme le prouvent la signature d'un nouvel accord commercial entre les États-Unis et l'Afrique de l'Ouest et la prolongation de la loi « *Africain Growth and Opportunity Act* » (AGOA) dont le groupe *« Rosa Whitaker »* basé à Washington est l'un des piliers.

Une coopération qui va donc se poursuivre et s'intensifier sans oublier les nombreux investissements effectués par les pays du BRICS (Brésil Russie, Inde et Chine) auquel s'est ajouté l'Afrique du Sud en 2011.

L'Afrique est en marche.

TABLEAU RECAPITULATIF DES DROITS D'ENREGISTREMENT ET TAXES SUR LES PLUS-VALUES POUR 2015

10%	5%	3%	2%	1%
Mutations à titre gratuit entre vifs à un tiers.	Ventes d'Immeubles.	Cessions de Terrains domaniaux à usage d'habitation	Mutations à titre gratuit entre vifs : entre époux et en ligne directe.	Partage de biens meubles ou immeubles entre copropriétaires, cohéritiers, coassociés à quelque titre que ce soit, pourvu qu'il en soit justifié.
	Cessions de Droit au Bail.	Échanges de biens immeubles.	Baux, Sous-baux à durée limitée.	Actes portant ventes d'immeubles à usage de logement par des personnes physiques ou morales qui se consacrent, avec l'agrément de l'État au développement de l'habitat social et selon des modalités fixées par décret sur proposition du Ministre chargé des Finances et du Ministère chargé de l'Habitat.
	Cessions de Fonds de Commerce	Ventes de biens meubles.		Cessions d'actions, d'obligations et de parts sociales des Sociétés ainsi que les Cessions d'obligations.
	Mutations par décès autres que celles faites entre époux et en ligne directe			Contrats de mariage qui ne contiennent que des déclarations de la part des futurs époux de ce qu'ils apportent aux mêmes en mariage.
				Actes de formation, de prorogation et d'augmentation de capital de Sociétés ou de GIE lorsque le capital social est supérieur à CENT MILLIONS (100.000.000 F CFA).

5%	**10%**
La Taxe de Plus-value immobilière (TPV) est due au taux de 5% sur la partie de Plus-value qui ne provient pas du fait du propriétaire. (Exemples : Ventes d'Immeubles, Cessions d'Impenses).	La Taxe de Plus-value immobilière (TPV) est due au taux de 10% sur la partie de Plus-value lorsque celle-ci découle de la cession d'un droit réel immobilier portant sur un immeuble domanial (Exemple : Cessions de Droits à baux).

INDEX ANALYTIQUE

D

E

G

H

I

TABLE DES MATIÈRES

L'HARMATTAN ITALIA
Via Degli Artisti 15; 10124 Torino

L'HARMATTAN HONGRIE
Könyvesbolt ; Kossuth L. u. 14-16
1053 Budapest

L'HARMATTAN KINSHASA
185, avenue Nyangwe
Commune de Lingwala
Kinshasa, R.D. Congo
(00243) 998697603 ou (00243) 999229662

L'HARMATTAN CONGO
67, av. E. P. Lumumba
Bât. – Congo Pharmacie (Bib. Nat.)
BP2874 Brazzaville
harmattan.congo@yahoo.fr

L'HARMATTAN GUINÉE
Almamya Rue KA 028, en face du restaurant Le Cèdre
OKB agency BP 3470 Conakry
(00224) 60 20 85 08
harmattanguinee@yahoo.fr

L'HARMATTAN CAMEROUN
BP 11486
Face à la SNI, immeuble Don Bosco
Yaoundé
(00237) 99 76 61 66
harmattancam@yahoo.fr

L'HARMATTAN CÔTE D'IVOIRE
Résidence Karl / cité des arts
Abidjan-Cocody 03 BP 1588 Abidjan 03
(00225) 05 77 87 31
etien_nda@yahoo.fr

L'HARMATTAN MAURITANIE
Espace El Kettab du livre francophone
N° 472 avenue du Palais des Congrès
BP 316 Nouakchott
(00222) 63 25 980

L'HARMATTAN SÉNÉGAL
10 VDN en face Mermoz, après le pont de Fann
BP 45034 Dakar Fann
33 825 98 58 / 33 860 9858
senharmattan@gmail.com / senlibraire@gmail.com
www.harmattansenegal.com

L'HARMATTAN BÉNIN
ISOR-BENIN
01 BP 359 COTONOU-RP
Quartier Gbèdjromèdé,
Rue Agbélenco, Lot 1247 I
Tél : 00 229 21 32 53 79
christian_dablaka123@yahoo.fr

www.ingramcontent.com/pod-product-compliance
Lightning Source LLC
LaVergne TN
LVHW011302061026
849535LV00005B/1365
* 9 7 8 2 3 4 3 0 6 6 7 4 5 *